인 생 은 서 비 스 다

소통과
서비스의
스킬

**Communication and
Service Skills**

인생을 살아가며 우리는 수많은 관계 속에서 소통하고, 행동하며 성장한다.
이러한 모든 과정은 결국 서비스의 연장선에 있다. 내가 스스로를 어떻게 관리하고,
타인을 어떻게 대하느냐에 따라 삶의 질이 결정된다.

소통과 서비스의 스킬

초판인쇄	2024년 12월 27일
초판발행	2025년 01월 03일
지은이	이소희
발행인	조현수
펴낸곳	도서출판 프로방스
기획	조용재
마케팅	최관호 최문섭
편집	이승득
디자인	오종국 (Design CREO)
주소	경기도 파주시 광인사길 68 , 201- 4호
전화	031-925-5364, 031-942-5366
팩스	031-942-5368
이메일	provence70@naver.com
등록번호	제2016-000126호
등록	2016년 06월 23일

정가 18,000원
ISBN 979-11-6480-374-3 13320
파본은 구입처나 본사에서 교환해드립니다.

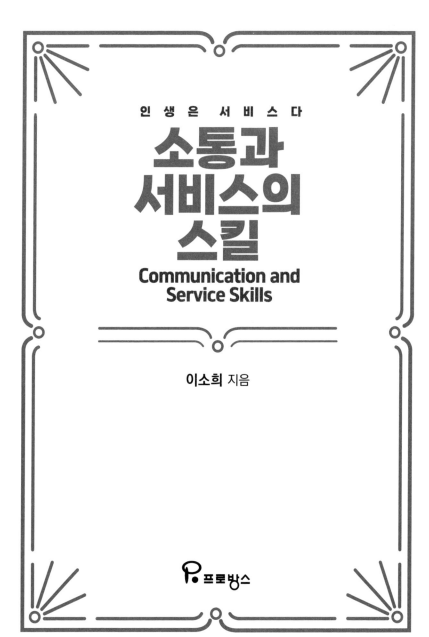

인 생 은 서 비 스 다

소통과
서비스의
스킬

Communication and
Service Skills

이소희 지음

프로방스

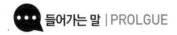 들어가는 말 | PROLGUE

진정한 서비스의 길

인생을 살아가며 우리는 수많은 관계 속에서 소통하고, 행동하며 성장한다. 이러한 모든 과정은 결국 서비스의 연장선에 있다. 내가 스스로를 어떻게 관리하고, 타인을 어떻게 대하느냐에 따라 삶의 질이 결정된다. 이 책은 고객 서비스뿐만 아니라 인간관계, 직업, 그리고 자기 자신과의 관계에서 필요한 자세와 태도를 다룬다. 성장과 성공적인 삶을 위해 서비스 정신을 기반으로, 독자가 자신의 인생에서 주인공이 되어 아름다운 삶을 만들어 나가길 바란다.

CS 매너는 Customer Service Manners의 줄임말로, 고객과의 상호작용에서 지켜야 할 예의와 태도를 의미한다. 이는 고객에게 친절하고 정중한 언어와 행동을 사용하는 것을 포함하며, 고객의 요구를 빠르고 정확하게 이해하고 처리하는 능력을 말한다. CS

매너는 고객 만족도를 높이고, 상대방에게 신뢰를 심어주며 이미지를 향상시키는 데 핵심적인 역할을 한다. 인생을 마치 고객에게 서비스를 제공하듯 살아가면, 모든 면에서 성장하는 성공적인 삶을 살 수 있을 것이다.

인생은 서비스다. 사람들이 좋은 서비스를 제공하는 곳을 선호하는 것은 자명하다. 백화점이든 관공서, 여행지에서나 상점 식당이든, 어디에서든 좋은 서비스를 받으면 기분이 좋아지고, 다시 찾고 싶은 마음이 생긴다. 또한, 서비스가 좋은 제품을 고객들은 선호한다. 성공한 기업이나 브랜드가 좋은 서비스를 제공하는 것도 당연한 일이다. 그러므로 당신이 인생의 모든 면에서 성장과 성공하기를 원한다면, 인생을 서비스하듯 살아가야 한다.

서비스는 그 자체로 끝나지 않고, 추가적인 시너지 효과를 만들어낸다. 서비스의 공식은 다음과 같다.

인풋 서비스 (A), 아웃풋 (B)라 할 때 : B = A + @

여기서 '@'는 시너지 효과를 의미한다. 좋은 서비스는 수익뿐만 아니라 광고 효과 같은 추가적인 이익을 가져온다. 만약 'A'가 인생이라면, 인생을 서비스하듯 살아갈 때 성공이라는 '@'가 뒤따라오는 것을 의미한다.

이 책은 CS 매너에 대한 다양한 주제를 다루고 있으며, 이론과 실제를 균형 있게 구성하여 독자들이 쉽게 이해할 수 있도록 구성했다. 성공적인 고객 서비스를 위해 갖추어야 할 필수적인 요소들을 설명한다. 1장에서는 CS 매너가 구체적인 상황에서 어떻게 적용될 수 있는지 다양한 예시를 통해 설명한다. 또한, 고객 서비스에 앞서 나 자신을 어떻게 관리해야 하는지에 대해 다루었다. 고객을 대하는 사람으로서 내가 먼저 준비되어야만 진정한 서비스를 제공할 수 있다. 2장은 세대별로 요구되는 CS 매너에 대해 다루었다. 각 세대마다 선호하는 의사소통 방식과 문화가 다르므로, 이를 이해하고 맞춤형 CS 매너를 적용하는 것이 중요하다. 3장은 이 책의 핵심 주제인 '인생은 서비스다'라는 철학을 중심으로, CS 매너가 단지 직장에서의 서비스뿐만 아니라 삶 전체에 어떻게 적용될 수 있는지 설명한다. 고객을 대하는 마음처럼 상대방을 배려하고 존중하는 태도가 인생 성장과 성공의 열쇠가 될 수 있다. 또한, 필자의 직접적인 경험을 스토리로 담았기에 이해의 폭이 넓을 것이다. 4장에서는 CS 매너의 기본 원칙인 CS 매너 10계명을 소개하여, 인생을 살아가면서 사람들과의 관계를 보다 원활하고 행복하게 만들기 위해, 서비스 정신을 생활 속에서 실천하는 방법에 대한 통찰을 담았다.

이 책은 필자가 오랜 기간 GH미용토탈세계 경영과 & 감성 스피치 아카데미를 운영하며 얻은 풍부한 경험을 바탕으로 작성했다. 덕분에 이론적인 내용뿐만 아니라 실전에서 유용하게 적용할 수 있는 팁들도 많이 담겨 있으며, 쉬운 표현과 사례를 사용하여 누구나 쉽게 공감하고 이해할 수 있도록 구성했다. 이 책을 통해 독자들은 인생을 서비스하듯이 살며, 타인과의 관계에서 성공적인 결과를 얻을 수 있게 되기를 기원한다.

2024년 12월

감성스피치 아카데미 **이소희**

목차 | CONTENTS

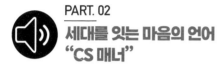

PART. 02

세대를 잇는 마음의 언어
"CS 매너"

PART. 03

서비스는
인생이다

PART. 04

성공을 부르는 CS 매너 십계명

"

소통과 화합은 개인 간,
조직 내, 그리고 사회 전체에 걸쳐
평화롭고 생산적인 관계를
형성하는 데 필수적이다.

"

CHAPTER
01

1장

소통과
화합을 부르는
CS 매너

01

자신, 가정, 사회에서의
정신적, 육체적
안정과 신뢰를 위한 여정

정신적, 육체적, 심리적 안정은 개인 삶의 모든 영역에서 중요한 요소이다. 나 자신이 건강하고 심리적으로 안정되어야 가정과 사회에서도 신뢰와 믿음을 쌓고, 성공적으로 행복을 추구할 수 있다. 이 장에서는 정신력, 육체적 건강, 심리적 안정을 위한 실천적 방법과 루틴, 건강한 식단, 그리고 지성, 사회성, 문화성을 기르며 행복을 추구하는 방법을 다룬다.

정신적 안정과 내면의 힘을 기르기 위한 루틴

정신적으로 강해지기 위한 첫걸음은 자기 자신과의 대화이다. 매일 아침 짧은 명상 시간을 통해 내면의 목소리에 귀 기울여 보자. 이 시간을 통해 오늘의 목표와 마음가짐을 정리할 수 있다.

명상하는 방법은 10분에서 20분 정도 고요한 시간에 앉아 호흡에 집중하는 것이다. 긴 호흡을 통해 마음의 안정을 찾을 수 있다.

긍정적인 다짐을 하자. "나는 오늘 나의 목표에 충실할 것이다.", "나는 나 자신을 사랑하고, 스스로를 믿는다."라는 자기 확언을 통해 하루를 시작하자.

저녁에는 하루를 마무리하며 성찰하고, 자신에게 감사하는 시간을 가지는 것이 중요하다. 작은 성취에 대한 감사와 함께 내일의 목표를 설정하는 것도 도움이 된다. 그리고 일기를 쓰며 하루 동안 경험한 일, 느낀 감정 등을 기록하며 자신을 돌보는 습관을 들이자.

하루에 대한 반성과 응원 감사의 마음을 가지면, 심리적으로 더욱 안정되고 긍정적인 마음을 유지할 수 있다.

육체적 건강을 위한 루틴과 식단

육체적 건강은 정신적 안정의 기초이다. 규칙적인 운동은 몸의 피로를 줄이고, 스트레스를 해소해 준다. 꾸준한 운동 루틴은 일상에서 나 자신을 지속해서 관리하는 방법이다.

운동은 유산소, 근력, 스트레칭을 기본으로 하면 좋다. 걷기,

등산, 달리기, 수영 등의 유산소 운동은 심폐 기능을 강화하고, 스트레스를 줄여준다. 근력 운동은 신체 근육을 강화하고, 전반적인 체력을 기르는 데 도움이 된다. 매일 최소 15분 정도의 스트레칭은 근육을 풀어주고 유연성을 높인다. 운동은 밥이다. 밥 먹듯이 하는 것이다. 하루 24시간 중에 2시간은 절대고독의 시간으로 자기자신만을 위해 명상, 운동, 식사, 책보기, 글쓰기, 감사쓰기 등을 하는 루틴을 만든다.

식습관은 나의 건강 상태를 좌우하는 중요한 요소이다. 균형 잡힌 식단은 몸과 마음을 모두 건강하게 유지하는 핵심이다. 나 자신이 소중하며 진정한 건강을 원한다면 1주일에 한두번 근교 시장으로 가 장을 보자. 내 식단을 식당에만 맡겨서는 안 된다. 식당은 외부에서 활동할 때나 누군가를 만났을 때에만 간다. 집밥을 메뉴화해서 매 끼니에 색다른 채소와 과일을 포함하여, 비타민과 미네랄을 충분히 섭취하자. 생선, 콩류, 견과류 등을 통해 몸에 필요한 단백질을 섭취하는 것이 중요하다. 육류는 적당히 섭취하고, 되도록 고등어, 연어 같은 불포화지방산이 풍부한 생선을 선택하는 것이 좋다. 현미, 통곡물 등의 건강한 탄수화물을 섭취하되, 흰빵과 설탕이 많은 음식은 피하자. 그리고 하루 2 ℓ 정도의 물을 섭취하여 수분을 충분히 보충하는 것이 중요하다.

심리적 안정과 정서 관리

심리적 안정은 스트레스를 효과적으로 관리하고, 감정을 조절할 수 있는 능력에서 나온다. 이를 위해 감정 관리 기술을 익히는 것이 필요하다. 자신의 감정을 솔직하게 인식하고 받아들이는 것이 중요하다. 기쁨, 슬픔, 분노 등 어떤 감정이든 억누르지 않고 표현하는 것이 심리적 안정에 도움이 된다. 스트레스 상황에서 나만의 해소법을 찾아보자. 산, 바다, 강, 공원, 운동장, 산책, 음악 감상, 혹은 취미 봉사 활동을 통해 마음을 다스릴 수 있다.

인간관계에서 심리적 안정을 찾기 위해서는 서로에 대한 신뢰와 소통이 필요하다. 나 자신이 먼저 감정적으로 안정되어 있어야 가족, 친구, 동료와의 관계도 건강하게 유지될 수 있다.

다른 사람의 말을 귀 기울여 듣는 것이 소통을 원활하게 하고, 관계에서 안정을 가져온다.

지성, 사회성, 문화성을 위한 성장 방법

지성은 높은 학력이 중요하기도 하지만, '책을 읽지 않거나 노트가 없으면 배가 고프다' 라는 습관으로 꾸준한 학습과 호기심을 통해 기를 수 있다. 끊임없이 새로운 지식을 쌓고, 자기 계발을 위해 노력하는 것은 자신감을 높이고 사회적 신뢰를 얻는 데 중요한 요소다.

책을 생활공간 주변, 침대 머리맡에 식탁, 소파, 옷방, 거실, 화장실 등 손이 가고 눈이 머무는 곳에 놓아두자. 틈나는 대로 한 줄씩 읽다 보면 책이 공기처럼 나 자신에게 지성과 감성, 품성으로 녹아든다. 책을 읽는 습관을 만들어 매일 매주 책을 읽자. 특히 철학, 역사, 경제 등 다양한 분야의 책을 읽으며 지식을 넓히는 것이 좋다. 스스로 관심 있는 분야에 대한 학습 목표를 설정하고, 그것을 이루기 위해 꾸준히 노력하자.

사회적 관계에서 신뢰를 얻기 위해서는 사회성을 기르는 것이 중요하다. 사람들과의 상호작용에서 매너를 지키고, 관심과 배려를 보여주는 것이 사회성을 강화하는 방법이다. 상대방의 입장에서 생각하고, 그들의 감정을 이해하는 능력은 사회적 관계에서 필수적이다.

개인보다는 팀의 성장을 우선시하는 자세를 가지자. 협력하고, 함께 성취하는 과정에서 더 큰 신뢰를 쌓을 수 있다.

문화적 경험은 삶의 풍요로움을 더해주고, 나 자신을 더 넓은 시각에서 바라볼 수 있게 해준다. 다양한 문화에 대한 경험을 쌓고, 그것을 통해 내면의 깊이를 더할 수 있다. 공연, 미술관, 영화 봉사 등 다양한 문화적 활동을 경험함으로써 감성적 풍요로움을 추구하자.

새로운 장소를 탐방하고, 다른 문화권의 사람들과 소통하며 세계에 대한 시각을 넓히는 것이 중요하다.

행복 추구, 나 자신과의 진정한 연결

행복은 외부에서 얻는 것이 아니라, 나 자신과의 진정한 연결에서 나온다. 내면의 소리에 귀 기울이고, 나 자신을 사랑하는 것이 진정한 행복을 추구하는 첫걸음이다. 나 자신을 있는 그대로 받아들이는 연습을 하자. 부족한 부분이 있더라도 그것을 인정하고 성장의 기회로 삼는 것이 중요하다. 매일의 삶에서 작은 기쁨을 찾는 것이 행복을 지속해서 느끼는 비결이다. 그러기 위해서는 작은 성취나 순간의 즐거움을 소중히 여기는 태도가 필요하다.

행복한 사람은 주변 사람들과의 관계에서도 행복을 나눈다. 가족, 친구, 동료와 진정성 있는 관계를 유지하며, 서로의 성장을 지지하는 관계를 형성하는 것이 중요하다. 상대방을 존중하고 배려하는 겸손과 예의의 태도는 행복한 관계의 기초이다. 나 또한 그런 대우를 받을 수 있는 환경을 만들 때, 행복은 더욱 커진다.

나만의 신뢰와 신용을 쌓는 루틴

가정은 나 자신이 가장 먼저 신뢰와 안정을 쌓아야 하는 곳이다. 가족들과의 관계에서 진정성과 책임감을 바탕으로 신뢰를 쌓는 것이 중요하다. 말과 행동이 일관되면 가족들은 신뢰한다. 작고 사소한 약속도 성실하게 지키는 것이 중요하다. 감정의 기복이 심하면 신뢰를 무너뜨릴 수 있다. 나 자신의 감정을 잘 관리하고, 필요할 때 가족들과 솔직하게 대화하여 문제를 해결하는 것이 중요하다.

사회적 신뢰는 성실함과 정직함을 바탕으로 이루어진다. 나 자신을 존중하고, 사회 속에서 타인과의 관계에서 책임감 있는 행동을 지속하면 자연스럽게 사회적 신용을 쌓을 수 있다. 약속된 시간과 일정을 지키는 것은 타인과의 신뢰를 쌓는 첫걸음이다. 상황이 불가피할 때는 솔직하게 이야기하고, 문제를 함께 해결하려는 노력이 중요하다. 문제를 숨기거나 회피하는 대신, 직접 해결하려는 모습을 보여주자.

신용은 시간이 걸리지만, 쌓이면 매우 강력한 힘을 발휘한다. 재정적 신용뿐만 아니라, 인간관계에서의 신용도 중요한 자산이다. 재정적 신용을 관리하는 습관도 신뢰를 쌓는 중요한 요소이다. 적절한 지출 계획을 세우고, 과도한 소비를 줄이자. 말과 행동이 일치하는 태도, 상대방을 존중하는 행동이 쌓일 때 관계 속에서 자연스럽게 신용이 형성된다.

내면의 힘과 외면의 조화로 명품 브랜드로 성장하기

명품 브랜드는 그 본질에 충실하며, 독창적이고 일관된 가치를 지향한다. 이처럼 내면의 힘을 기르면 나만의 가치를 확립하는 과정이 중요하다. 나의 강점, 열정, 매력, 가치를 지속해서 탐구하자. 이를 바탕으로 내면의 힘을 확립하고, 명확한 정체성을 세워야 한다. 자기 계발을 위해 꾸준히 학습하고 성장하는 것이 중요하다. 다양한 경험과 배움을 통해 나의 능력과 자산을 넓히자.

외적인 이미지는 내면의 힘과 함께 브랜드를 형성하는 중요한 요소이다. 자신감 있고, 품격 있는 이미지를 통해 나만의 명품 브랜드를 만들어갈 수 있다. 어떤 상황에서도 당당하고 자신감 있게 행동하자. 말과 행동에서 확신이 느껴지는 사람은 주변 사람들에게 신뢰감을 준다. 단정하고 자신에게 어울리는 스타일을 유지하는 것이 좋다. 외면적인 이미지는 첫인상에서 중요한 역할을 하므로, 자신의 스타일을 통해 나만의 독창성을 표현하자.

내면의 가치와 외면의 이미지를 조화롭게 유지하는 것이 명품 브랜드의 핵심이다. 나 자신을 내면과 외면 모두에서 발전시키는 것이 지속해서 나를 빛나게 한다. 내면에서 확립한 나의 가치와 철학을 바탕으로 외적인 이미지와 태도를 조화롭게 유지하자. 진정성 있는 내면에서 나온 자신감은 외면에서도 빛을 발할 것이다.

내가 속한 공간과 사람들에게 성장과 긍정적인 영향 미치기

내가 만나는 사람들에게 긍정적인 에너지를 전달하고, 그들을 응원하는 태도는 나를 더욱 빛나게 한다. 다른 사람들에게 호감을 줄 수 있는 태도는 자연스럽게 신뢰를 불러일으킨다. 간단하지만 진정성 있는 따뜻한 인사와 미소는 주변 사람들에게 긍정적인 인상을 남긴다. 상대방이 힘들 때 그들의 감정을 인정하고, 응원해 주는 태도는 인간관계에서 강력한 신뢰를 쌓는 방법이다.

내가 속한 공간에서 작은 변화와 성장을 일으키는 사람은 다른 사람들에게 지지를 받게 된다. 주변 사람에게 성장의 기회를 제공하고, 그들과 함께 발전하는 것이 중요하다. 사람들에게 건설적이고 긍정적인 피드백을 제공하여, 그들의 성장을 돕는 역할을 하자.

함께 일할 때는 협력하고 도움을 주는 것이 팀 전체의 성장을 돕는 길이다. 상대방의 성공을 진심으로 응원하고, 그 과정에서 나도 함께 성장할 수 있다.

내가 머무르는 공간을 밝고 긍정적인 에너지로 가득 채우는 것은 매우 중요하다. 밝은 에너지를 유지하는 사람은 자연스럽게 주변 사람들에게 좋은 영향을 미친다. 어려운 상황에서도 긍정적으로 생각하려는 태도는 주변 사람들에게도 좋은 에너지를 전달한다. 매 순간 감사하는 마음을 가지면, 내가 있는 공간에서 더 따뜻하고 빛나는 에너지가 발산된다.

나만의 독립된 신뢰 시스템과 명품 브랜드로의 완성

독립된 신뢰 시스템은 나 자신이 누구에게 의존하지 않고도 나만의 가치를 지킬 수 있는 체계를 의미한다. 이러한 체계는 꾸준한 자기관리와 진정성에서 나온다. 나만의 루틴과 원칙을 가지고, 그것을 지키는 습관을 형성하자. 나 자신을 관리하는 방법을 알면, 다른 사람에게 의존하지 않고도 지속해서 성장할 수 있다. 사회적 흐름에 휩쓸리지 않고, 내면의 가치에 충실하며 독립적으로 사고하고 행동하는 것이 중요하다.

내면의 힘과 외면의 이미지를 통해 나 자신을 명품 브랜드로 완성해 가는 과정은 끊임없는 자기 발전과 진정성에서 나온다. 나만의 가치관과 철학을 세우고, 그것을 꾸준히 지켜나가자. 다른 사람을 모방하기보다, 나만의 독창성을 발휘하는 것이 중요하다.

진정성 있는 나만의 길을 걸어가는 것이 명품 브랜드로서의 가치를 더욱 높인다. 나의 행동과 가치가 일치할 때, 주변 사람들은 나를 신뢰하게 된다. 일관성 있게 행동하고, 자신의 신념을 유지하는 것이 명품 브랜드로 성장하는 핵심이다.

02

소통과 화합,
이해와 협력으로 이루는
조화로운 삶

소통과 화합은 삶에서 매우 중요한 요소이다. 특히 개인 간의 관계부터 조직, 사회 전체에 이르기까지 모든 영역에서 원활한 소통과 화합은 성공과 성장을 위해서는 필수적이기 때문이다.

소통과 화합의 본질

소통은 단순한 대화나 정보의 교환을 넘어서, 상대방을 이해하고 서로의 생각과 감정을 공유하는 과정이다. 이를 통해 사람들은 더 나은 관계를 맺고, 서로를 깊이 이해할 수 있다. 소통의 기본 요소는 말하기, 듣기, 그리고 이해하기다. 이 세 가지 요소가 균형을 이루어야 소통이 원활하게 이루어진다.

화합은 서로 다른 사람들의 의견, 감정, 행동이 하나로 융합되어 조화를 이루는 상태를 말한다. 갈등을 해결하고, 공동의 목표를 향해 함께 나아가는 과정이다. 화합은 협력, 타협, 포용을 통해 이루어지며, 이러한 과정을 통해 서로 다른 의견이 하나로 모일 때 비로소 진정한 화합이 이루어진다.

소통의 중요성(관계 형성의 첫걸음)

모든 관계는 소통에서 시작된다. 가족, 친구, 직장 동료, 심지어 낯선 사람과도 소통을 통해 관계를 맺고 발전시킨다. 원활한 소통은 신뢰를 쌓는 데 필수적이다. 신뢰가 형성되면, 더 깊은 관계로 발전할 수 있으며, 협력과 이해가 자연스럽게 뒤따른다.

소통이 원활하지 않으면, 오해와 갈등이 발생한다. 특히, 의사소통 과정에서 발생하는 불명확한 표현, 불충분한 경청, 편견 등은 갈등을 유발할 수 있다. 잘못된 소통은 단순히 개인 간의 문제가 아니라, 조직, 사회 전반에 걸쳐 신뢰를 무너뜨리고 협력을 방해하는 요인이 된다.

효과적인 소통 방법

소통의 가장 중요한 요소는 경청이다. 상대방의 이야기를 주의 깊게 듣고, 그들의 감정과 의도를 이해하는 것이 진정한 소통의 시작이다.

적극적 경청: 단순히 듣는 것을 넘어서, 상대방의 말을 이해하고, 그에 맞게 반응하는 능력을 말한다. 경청을 통해 상대방은 존중받는다는 느낌을 받는다. 자기 생각이나 의견을 명확하고 간결하게 표현하는 능력도 중요하다. 복잡한 언어, 불필요한 정보는 소통을 방해할 수 있다.

비언어적 소통: 몸짓, 표정, 눈 맞춤 등 비언어적 요소도 중요한 소통 수단이다. 이를 통해 말로는 전달하기 어려운 감정이나 의도를 표현할 수 있다.

상대방의 말을 듣고, 그에 대한 피드백을 제공함으로써 소통이 쌍방향으로 이루어지도록 해야 한다. 피드백은 상대방이 자신의 말을 듣고 있음을 확인하는 중요한 과정이다.

화합의 의미와 필요성

화합은 단순히 의견의 일치를 의미하는 것이 아니라, 서로 다른 생각과 감정을 조화롭게 융합하는 과정이다. 다름을 인정하고, 협력하는 것이 화합의 출발점이다. 사회나 조직에서 성공적으로 살아가기 위해서는 협력과 팀워크가 필수적이다. 이는 화합을 통해서만 가능하다. 화합은 공동의 목표를 달성하는 데 중요한 요소이다. 개인의 목표를 뛰어넘어, 공동체의 이익을 위해 함께 나아가는 과정을 통해 더 큰 성과를 이룰 수 있다.

갈등을 넘어서 화합으로, 갈등 관리의 기술

갈등은 의사소통 부족, 서로 다른 가치관, 잘못된 기대 등 다양한 원인으로 발생할 수 있다. 이를 먼저 이해해야 갈등을 효과적으로 해결할 수 있다. 내적 갈등(개인적 감정)과 외적 갈등(대인관계에서의 문제)을 구분하여 각각에 맞는 접근 방법을 사용해야 한다. 갈등 해결의 첫걸음은 문제의 본질을 정확히 이해하고, 이를 양측이 받아들일 수 있도록 명확히 설명하는 것이다. 갈등을 해결하는 과정에서 상호 간의 요구를 들어주고, 적절한 타협점을 찾는 것이 중요하다. 이 과정에서 감정적으로 대응하기보다는 차분하고 논리적인 태도로 문제에 접근해야 한다. 감정적 대응은 갈등을 더 악화시킬 수 있다.

조직에서의 소통과 화합

　조직의 성공은 원활한 소통에서 시작된다. 상사와 부하직원 간의 소통, 동료 간의 협력 등은 조직의 성과에 직접적인 영향을 미친다. 수직적 소통뿐만 아니라 수평적 소통도 중요하다. 상사와 직원 간의 소통뿐 아니라, 동료 간의 협력도 조직의 성공을 위해 필수적이다. 팀워크는 공동 목표를 이루기 위해 함께 일하는 과정이다. 팀원 간의 신뢰와 협력이 기반이 되어야 하며, 이를 위해서는 꾸준한 소통과 피드백이 필요하다. 팀 내에서 각자의 역할과 책임이 명확할 때, 화합이 이루어지고 더 나은 성과를 낼 수 있다.

다양성 존중과 포용, 화합의 기초

　서로 다른 배경, 경험, 의견을 가진 사람들이 모일 때 다양성이 창출되며, 이는 창의성과 혁신을 촉진한다. 다양한 의견을 존중하고, 서로의 차이점을 인정하는 것이 포용의 첫걸음이다. 포용적 리더는 모든 사람의 목소리를 듣고, 그들의 의견을 반영하는 리더이다. 이는 조직이나 사회에서 화합을 이끄는 중요한 요소이다. 각자의 차이점에도 불구하고, 공정하게 대우받는 환경이 조성되면 자연스럽게 화합이 이루어진다.

소통과 화합을 촉진하는 리더십

　리더십은 소통과 화합을 이끄는 중요한 요소이다. 리더는 조직 내 갈등을 조율하고, 화합을 위한 분위기를 조성해야 한다. 변화의 시기에는 소통과 화합이 더 필요하다. 리더는 변화에 대한 저항을 줄이고, 공동 목표를 향하며, 변화에 능동적으로 대응해야 한다. 조직이나 공동체가 변화할 때, 저항이 발생할 수 있다. 이러한 저항은 주로 변화에 대한 두려움이나 불확실성에서 비롯된다. 리더는 이러한 불안감을 해소하고, 구성원들이 변화에 적응할 수 있도록 소통을 촉진해야 한다. 리더는 변화의 이유와 그에 따른 기대 효과를 명확히 전달해야 한다. 구성원들이 변화의 의미를 이해하면, 저항 대신 협력과 화합을 끌어낼 수 있다. 변화의 과정에서 리더는 구성원들에게 피드백을 주고, 그들이 필요로 하는 자원을 제공하여 성공적으로 변화를 받아들일 수 있도록 지원해야 한다.

　리더는 중재자 역할을 맡아야 한다. 갈등이 발생할 때, 이를 무시하거나 방관하는 대신 적극적으로 나서서 갈등의 원인을 파악하고 해결 방안을 모색해야 한다. 갈등을 해결할 때 리더는 공정한 입장에서 상황을 조율해야 하며, 모든 이해관계자에게 투명하게 소통하는 것이 중요하다. 리더가 일방적으로 결정을 내리는 것이 아니라, 모든 구성원의 의견을 존중하고 반영하는 협력적 의사 결정을 통해 화합을 끌어낼 수 있다.

디지털 시대의 소통과 화합

디지털 기술의 발전으로 인해 소통 방식이 급격히 변화하고 있다. 온라인 회의, 메신저, 소셜 미디어 등은 물리적 거리를 뛰어넘어 빠르고 광범위한 소통을 가능하게 하지만, 동시에 새로운 도전 과제도 생겨났다.

비대면 소통은 감정 표현의 부족과 오해를 초래할 수 있다. 특히 글로만 소통하는 경우, 상대방의 의도를 정확히 파악하기 어려워 소통의 질이 떨어질 수 있다. 이메일이나 메신저를 통한 소통에서도 존중과 예의가 중요하다. 신속한 응답, 명확한 메시지 전달, 그리고 비언어적 요소(이모티콘 등)를 적절히 사용하는 것이 필요하다.

원격 근무나 비대면 소통이 활성화됨에 따라, 팀워크와 화합을 유지하는 데 어려움이 있을 수 있다. 그러나 이를 극복하기 위해 새로운 소통 방식과 협력 도구를 활용할 수 있다. 협업 도구(예: Slack, Microsoft Teams, Zoom 등)를 통해 실시간으로 소통하고, 서로의 의견을 교환할 수 있다. 이 도구들은 효율적인 소통을 지원하며, 물리적 거리의 한계를 극복한다. 비대면 환경에서도 화합을 유지하기 위해, 정기적인 온라인 회의를 통해 팀원 간의 상호작용을 촉진해야 한다. 이러한 만남은 신뢰를 구축하고, 팀의 결속력을 높이는 데 도움을 준다.

미래의 소통과 화합(변화를 위한 전략)

기술의 발전과 함께 AI(인공지능), 가상현실(VR), 증강현실(AR) 등이 소통 방식에 지금까지와는 엄청난 큰 변화를 불러올 것이다. 이러한 변화에 적응하기 위해서는 디지털 리터러시(디지털 기술을 이해하고 활용하는 능력)를 갖춰야 한다. AI 챗봇이나 가상 비서와의 소통이 일상화되면서, 인간 간 소통의 양상이 달라질 수 있다. 이에 따라, 기계적 소통과 인간적 소통 간의 균형을 맞추는 것이 중요해질 것이다.

미래 사회의 갈등은 기술 발전, 인구 변화, 사회적 불평등 등 다양한 요인으로 인해 더욱 복잡해질 수 있다. 이러한 상황에서 화합을 유지하기 위해서는 포용적 태도와 변화 수용력이 필요하다. 변화하는 환경에 적응하기 위해서는 개인과 조직 모두 지속해서 학습하고, 새로운 기술과 소통 방식을 습득해야 한다. 이를 통해 미래의 소통과 화합을 유지할 수 있다.

미래 사회에서는 다양한 배경과 생각을 가진 사람들이 함께 일하고 살아가야 한다. 사회적 포용성은 서로 다른 사람들의 차이를 존중하고, 그들과 함께 조화롭게 공존할 수 있는 능력을 말한다. 이를 통해 사회는 더 큰 화합을 이룰 수 있다.

　　소통과 화합은 개인 간, 조직 내, 그리고 사회 전체에 걸쳐 평화롭고 생산적인 관계를 형성하는 데 필수적이다. 갈등과 오해가 발생할 때 이를 해결하는 능력은 소통과 화합에 달려 있다. 소통은 이해의 시작이고, 화합은 협력의 완성이다. 이 둘을 성공적으로 이루기 위해서는 끊임없는 노력과 배려, 그리고 상호 존중이 필요하다. 미래 사회에서 소통과 화합의 중요성은 더욱 커질 것이다. 이를 통해 우리는 더 나은 관계를 형성하고, 서로의 다름을 인정하며, 조화로운 삶을 이어 나갈 수 있을 것이다.

03

나와 연애하듯이
살아라
– 당신이란 명품을 만드는 방법

나 자신과의 연애

연애를 시작할 때, 상대방을 알아 가고, 소중히
대하고, 매일 더 사랑하기 위해 노력하듯, 나 자신과도 그런 관계
를 만들어야 한다. 많은 사람은 타인을 사랑하는 법을 배우지만,
정작 자신을 사랑하는 법은 배우지 못한 채 살아간다. 나 자신을
귀하게 여기고, 나와 함께 시간을 보내는 것은 행복하고 충만한
삶의 기초이다.

그러려면 먼저 나 자신을 연애 상대처럼 대해야 한다. 내 감정,
욕구, 생각, 행동을 존중하는 법을 배우고 자신을 사랑할 줄 알아
야 한다, 자신을 무시하거나 억압하는 것이 아닌 감정에 귀 기울
이고 이를 인정하는 것이 첫걸음이다.

자신이 가진 좋은 점을 인식하고, 스스로 칭찬을 아끼지 않는 것이 중요하다. 타인을 사랑할 때와 마찬가지로 나 자신에게도 꾸준히 긍정적인 피드백을 주는 것이 필요하다.

나를 기쁘게 하고 즐겁게 해 줄 작은 일과 선물들을 찾아보고 내가 좋아하는 음식, 패션, 문화놀이로 자신에게 칭찬하며 선물을 한다. 하루의 작은 성공이나 성취를 기념하며 자신을 보살피는 연습을 시작하자.

자존감 높이기(나를 귀하게 여기는 법)

자존감이란 나를 얼마나 소중하게 여기고, 나의 가치를 스스로 인정하는 힘이다. 자존감이 높아지면 나 자신을 위한 결정을 내리고, 외부의 평가나 시선에 흔들리지 않게 된다. 자존감을 키우려면, 첫째 내 가치를 재평가하자. 나의 장단점과 매력을 객관적으로 바라보고, 스스로 긍정적인 평가를 해주는 연습을 한다. 자신을 비난하는 대신, 긍정의 강화를 통해 내 자존감을 키워나가자. 둘째 타인과 비교하는 것을 멈추자. 타인의 기준에 맞추어 나를 평가하는 것은 자존감에 큰 해를 끼친다. 내가 잘하는 것, 내가 좋아하는 것에 집중하고, 비교가 아닌 성장에 초점을 맞추자. 셋째 자신에게 친절해지자. 내 잘못을 용서하고, 실패를 받아들이는 태도를 가져야 한다. 연애 관계에서 상대방에게 친절하듯, 나 자신에게도 따뜻한 태도를 취하자.

자기 자신 사랑의 첫걸음

진정으로 나 자신을 사랑하기 위해서는 나를 이해해야 한다. 내 감정, 생각, 행동 패턴을 잘 분석하고 이해하는 것이 사랑의 시작이다. 나 자신이 무엇을 좋아하고, 무엇을 싫어하며, 어떤 가치관을 따르고 있는지 알 때, 나를 더 귀하게 여길 수 있는 방법을 찾을 수 있다. 자기를 분석하는 방법은 첫째 자기를 탐구하는 질문을 하자. 자신에게 질문을 던지며 내면을 탐구하는 시간을 가지자. "내가 진정 원하는 것은 무엇인가?", "나는 왜 이런 선택을 했는가?"와 같은 질문들이 자기 분석에 도움을 준다. 둘째 일기를 쓰자. 하루를 돌아보며, 내 감정과 생각을 기록하는 일기 쓰기는 자기 이해를 돕는 중요한 도구이다. 셋째 명상과 자기 성찰을 하자. 명상이나 깊은 사고를 통해 내 감정과 생각을 조용히 들여다보는 시간을 가지자.

나를 브랜드로 만드는 법

브랜드란 특별한 가치를 지니고, 사람들에게 기억될 만한 특별한 정체성을 의미한다. 내 삶도 하나의 브랜드처럼 특별하게 만들 수 있다. 내가 무엇을 중요시하며, 어떤 방식으로 살아갈지에 대한 명확한 철학을 세우고 그것을 실천하는 것이 나라는 명품 브랜드를 만든다.

나만의 브랜드 구축 방법은 먼저 핵심 가치를 설정하자. 내가 가장 소중히 여기는 가치를 정리해 보고, 그것이 내 삶의 지침이 되도록 설정하자. 진실, 성실, 창의성, 자율성 등 핵심 가치를 중심으로 삶을 설계할 수 있다.

다음으로 자신만의 스타일을 찾자. 내 삶의 패턴과 일상에서 나만의 독창성을 표현하는 법을 찾자. 내 모습, 내 말투, 내 행동 하나하나가 곧 나 자신이라는 브랜드를 보여준다. 그리고 꾸준한 관리를 하자. 브랜드가 꾸준한 관리와 개선을 통해 가치가 더해지듯, 자기 관리와 자기 발전이 곧 나라는 브랜드를 더욱 빛나게 만든다.

자기 계발의 기술

자기 사랑은 꾸준한 자기 발전과 연결되어 있다. 끊임없이 나를 발전시키고, 더 나은 내가 되기 위해 노력하는 것이 나를 사랑하는 방법의 중요한 부분이다.

[성장을 위한 3단계]
1단계 : 목표 설정
나의 삶에서 중요한 목표를 설정하고, 이를 이루기 위한 계획을 세워보자.

목표는 크지 않아도 되며, 현실적인 것부터 차근차근 이루어가는 것이 중요하다.

2단계 : 학습과 경험
끊임없이 배우고, 새로운 것을 경험하는 것이 나를 성장시킨다.

책을 읽고, 메모지를 쓰고 다양한 사람들을 만나고, 새로운 도전을 통해 자신을 확장하자.

3단계 : 피드백 받기
나 자신의 성장을 위해, 타인의 의견을 수용하고 피드백을 받는 것은 매우 중요하다.

피드백을 통해 나의 강점과 약점, 매력을 객관적으로 인식하고 성장발전 방향을 찾을 수 있다.

내면의 목소리에 귀 기울이기

바쁜 일상에서 나 자신을 돌아보고, 내면의 소리를 듣는 시간은 매우 중요하다. 내면의 목소리를 무시하면 외부의 기대나 타인의 시선에 휘둘리게 된다. 자신의 내면에 집중할 때, 우리는 더 강하고 침착하게 단단해질 수 있다.

정기적인 자기 성찰 시간을 가지자. 하루 중 시간을 정해 조용히 내 생각과 감정에 귀를 기울여 보자. 이 시간을 통해 내면의 소리가 점점 명확해질 것이다.

자연 속에서 나를 찾자. 자연과 함께 시간을 보내며 내면을 돌볼 때, 자신을 더 깊이 이해할 수 있다.

사람의 본성, 심리,
행동 10가지

사람의 본성을 파악하고 심리 행동을 분석하며 성공적인 이미지를 만드는 것은 현대 사회에서 중요한 능력이다. 다양한 관점에서 사람의 성격, 감정, 본심 등을 알아차릴 수 있는 방법을 살펴보며, 이를 바탕으로 성공적인 이미지 컨설팅에 적용해 보자.

1. 성격: 얼굴에서 드러나다

사람의 얼굴은 그 사람의 성격을 반영하는 중요한 요소다. 눈빛, 미소, 이마의 주름 등 얼굴의 표정과 모습은 내면의 마음가짐과 성격을 보여준다.

밝은 표정과 긍정적인 미소를 가진 사람은 긍정적이고 친절한 성격을 가진 경우가 많다. 따라서 얼굴 관리를 통해 긍정적인 이미지를 표현하는 것이 필요하다.

2. 생활: 체형에서 드러나다.

사람의 생활 습관은 체형에 고스란히 반영된다. 체형은 운동, 식습관, 생활 리듬 등 일상적인 습관에서 비롯되며, 체형 관리를 통해 자기관리가 건강하게 잘 되어 있는 사람임을 어필할 수 있다. 건강한 체형을 유지하는 것은 성공적인 이미지의 필수 요소 중 하나다.

3. 본심: 태도에서 드러나다

사람의 진심은 일상에서 드러나는 태도로 표현된다. 겸손하고 예의 바른 태도, 그리고 다른 사람을 배려하는 자세는 그 사람의 본심을 엿볼 수 있는 중요한 요소다. 이러한 태도를 통해 상대방에게 신뢰와 긍정적인 이미지를 심어줄 수 있다.

4. 감정: 음성에서 드러나다

사람의 감정은 목소리 톤과 발음, 말의 속도에 반영된다. 차분하고 부드러운 음성은 편안함과 신뢰를 주며, 지나치게 높거나 빠른 음성은 불안감을 전달할 수 있다. 감정 조절과 함께 음성 관리가 이루어진다면 상대방에게 더 안정적이고 성공적인 이미지를 줄 수 있다.

5. 센스: 옷차림에서 드러나다

옷차림은 그 사람의 센스를 가장 잘 보여주는 요소다. 상황에 맞는 옷차림과 깔끔한 스타일링은 센스 있는 사람으로 인식되게 하며, 그에 따른 신뢰감을 높여준다. 자기 자신에 대한 존중을 보여주고, 타인에게 좋은 인상을 주기 위해서는 컬러퍼스널을 활용한 색상과 신체의 조건에 맞는 자신만의 디자인으로 센스 있는 옷차림을 신경 써야 한다.

6. 청결: 머리카락에서 드러나다

청결은 머리카락 관리에서도 쉽게 드러난다. 머리는 인체에서 가장 높은 곳에 자리하고 있고 언제 어디서나 옷처럼 바로바로 갈아 입을 수 있는 것이 아니기에 깔끔하고 정돈된 머리카락은 청결함을 나타내고, 상대방에게 좋은 인상을 준다. 특히 첫인상을 좌우하는 중요한 요소로서, 주기적인 관리와 유지가 필수적이다. 성공한 사람은 새해 달력이 나오면 맨 먼저 자기헤어스타일 관리 날짜를 맨 먼저 체크한다는 어느 성공자의 말이 있다. "언제 어느 곳에서든 단정한 멋스러움으로 사진 방송에 임할수 있기에" 라고 말했다.

7. 배려: 식사 예절에서 드러나다

식사 방법에서 그 사람의 배려심을 엿볼 수 있다. 상대방을 배려하며 예의 바르게 식사하는 태도는 타인에게 존중심과 배려심이 있는 사람임을 보여준다. 식사 예절을 통해 더욱 성숙하고 매너 있는 이미지를 전달할 수 있다. 여럿이 밥 먹을 때 상대에 대한 작은 부분의 마음을 엿볼 수 있다. 3명의 식사자리에서 생선 한 마리만 나오거나 쌈야채가 나왔을 때 대접만 받던 어떤 사람은 자기 위주로만 생선과 쌈을 먹는 것을 볼 수 있다.

8. 스트레스: 피부에서 드러나다

스트레스는 피부 상태로 쉽게 드러나며, 이는 자기 관리가 얼마나 이루어지고 있는지 보여준다. 건강하고 생기 있는 피부를 유지하는 것은 자기 관리의 중요한 부분으로, 운동, 식단 관리로 염증관리와 스트레스 관리를 통해 긍정적인 이미지를 형성할 수 있다. 윤기와 광채나는 피부는 유명한 배우, 정치, 사업가 등 일반인들도 마찬가지 성공자들의 상징이기도 하다.

9. 차분하지 못함: 다리에서 드러나다

다리를 떨거나 안절부절못하는 모습은 차분하지 못한 마음 상태를 나타낸다. 이러한 습관을 고치고 안정감을 전달하는 자세를 유지하는 것이 성공적인 이미지 관리에 도움이 된다. 차분한 태도를 연습하며 더욱 신뢰를 줄 수 있는 모습으로 개선할 수 있다.

10. 인간성: 약자에 대한 태도에서 드러나다.

사람의 인간성은 약자나 자신보다 낮은 위치에 있는 사람에 대한 태도에서 나타난다. 친절하고 배려심 있는 태도는 그 사람의 진정한 인간성을 보여준다. 인간미가 넘치는 태도는 사람들에게 깊은 인상을 남기며 성공적인 인간관계를 형성하는 데 큰 도움을 준다. 자녀나 직원 등에게 테스트를 하거나 교육의 목적외엔 그사람의 태도에서 심성을 읽을 수 있다.

얼굴과 운명 그리고
CS 매너

얼굴은 삶의 이력서다

얼굴은 우리가 걸어온 길 그대로 반영한다. 이마
에 깊은 주름, 눈가의 작은 선, 입술 주위의 미소 자국은 모두 그
사람이 겪어온 경험과 감정을 표현한다. 고객 응대에서도 마찬가
지다. 우리의 얼굴은 비언어적 커뮤니케이션 수단으로 작용하며,
고객에게 우리의 진정성과 관심을 전달한다.

얼굴은 마음의 풍경

"얼굴은 그 사람 마음의 풍경이다." 이는 얼굴에 나타나는 표
정과 그 이면에 있는 감정의 연결을 의미한다. 고객을 대할 때, 마

음속에 사랑과 감사의 감정이 가득할 때 자연스럽게 그 얼굴에서 따뜻함이 느껴지고 고객과의 신뢰가 형성된다. 서비스 산업에서는 이러한 진정성 있는 태도가 성공적인 고객 응대의 핵심이다.

얼굴을 감사와 사랑으로 만든다

얼굴을 아름답게 가꾸는 방법은 단순한 외적 관리가 아닌, 내적 상태의 정화에서 시작된다. 감사와 사랑의 마음을 가지고 생활할 때, 우리의 표정은 자연스럽게 밝아진다. 고객과의 상호작용에서 긍정적인 표정은 고객에게 편안함과 만족감을 주며, 서비스의 질을 높이는 데 기여한다.

얼굴표정은 정신 심리의 상표다

우리의 얼굴 표정은 마음의 상태를 즉각적으로 보여준다. 스트레스를 많이 받거나 불안한 마음이 있을 때 얼굴에 나타나는 긴장된 표정은 고객에게 부정적인 인상을 남길 수 있다. 반면, 평온하고 따뜻한 표정은 고객에게 안정감을 주며, 고객이 서비스에 만족할 가능성을 높인다. CS 매너에서는 항상 긍정적이고 진정성 있는 표정을 유지하는 것이 중요하다.

영혼을 맑게, 아름답게 가꾸기

영혼을 맑고 아름답게 가꾸는 것은 우리의 정신과 표정, 그리고 고객 응대에 직접적인 영향을 미친다. 고객을 대하는 서비스 정신도 결국 우리가 어떤 마음으로 그 일을 대하느냐에 따라 차이가 난다. 마음을 정화하고 내면의 평화를 유지할 때, 고객에게도 그 긍정적인 에너지가 전달되어, 서비스의 가치를 극대화할 수 있다.

CS 매너와의 연결

서비스 분야에서 고객과의 상호작용은 단순히 말과 행동으로만 이루어지지 않는다. 얼굴 표정, 자세, 눈빛 등 모든 비언어적 표현이 고객에게 큰 영향을 미친다. 그렇기 때문에 우리의 얼굴을 '서비스의 얼굴'로 만들기 위해서는 내면의 감정 관리가 필수적이다. 감사와 사랑의 마음가짐으로 고객을 대하고, 긍정적인 표정과 따뜻한 마음으로 응대할 때, 고객의 신뢰와 만족도는 자연스럽게 상승할 것이다.

06

운명 개척의
철학과 긍정적 처세의 힘
그리고 CS 매너

사주, 운세, 명리, 주역의 원리

사주팔자나 명리학, 주역은 우리 삶의 흐름을 읽고, 그 안에서 어떻게 행동해야 하는지에 대한 지침을 제공하는 철학이다. 이 원리들은 우리가 태어날 때부터 가진 기본적인 성향과 에너지를 분석해 삶의 길흉화복을 예측하며, 각자가 가진 운명 속에서 어떻게 조심하고 발전할 수 있을지를 가르친다. 이러한 철학을 이해하고 활용하면, 단순히 운을 따르는 것이 아니라 이를 바탕으로 더 나은 삶을 스스로 만들어갈 수 있다.

운명을 개척하는 처세와 습관

사주나 운세에 따르면, 운명은 정해져 있는 듯 보이지만, 우리가 꾸준히 노력하고 조심스럽게 행동한다면 얼마든지 그 길을 바꿀 수 있다. 주역의 가르침처럼 변화는 필연적이지만, 그 변화를 받아들이고 적절한 처세와 습관을 실천함으로써 우리는 운명을 개척할 수 있다. 평생 조심해야 할 처세로는 인내와 겸손, 과욕을 피하고 자기 성찰을 통한 꾸준한 개선을 들 수 있다. 습관은 작은 것에서 시작되며, 사소한 일이라도 성실하고 진정성 있게 대할 때 큰 변화를 일으킬 수 있다.

긍정의 메시지: 운명은 바꿀 수 있다

사주와 명리학, 주역에서 강조하는 것은 운명이 반드시 고정된 것이 아니라, 자신의 노력과 지혜로 충분히 바꿀 수 있다는 점이다. 특히 올바른 처세와 습관을 통해 우리는 더 나은 미래를 설계할 수 있다. 우리가 살아가는 동안 마주하게 되는 어려움이나 장애물은 피할 수 없지만, 이를 어떻게 받아들이고 극복하는지가 우리의 진정한 운명을 결정하는 요소이다. 그러므로 긍정적인 마음가짐과 책임 있는 행동으로 삶을 주체적으로 이끌어가는 것이 중요하다.

CS 매너와의 연계

서비스 분야에서도 이러한 철학적 원리를 적용할 수 있다. 사주나 명리학이 개인의 특성과 기질을 이해하는 도구라면, CS 매너는 고객과의 상호작용에서 그 사람의 기질과 욕구를 파악하는 중요한 요소이다. 고객을 대할 때도 상대의 감정과 욕구를 미리 읽고 준비하는 것이 필요하며, 이것이 고객의 만족도를 높이는 방법이다.

올바른 처세와 습관은 CS 매너에서 더욱 중요하다. 직원들이 고객을 대할 때 인내와 겸손, 그리고 진정성 있는 태도를 유지할 때, 서비스의 질이 높아지고 고객에게 신뢰를 줄 수 있다. 특히 명리학에서 강조하는 자기 성찰과 개선의 습관은 서비스업에서도 필수적이다. 자신이 제공하는 서비스의 질을 끊임없이 개선하고자 하는 자세가 고객에게 감동을 주는 서비스의 핵심이다.

운명 개척과 서비스의 철학

고객 서비스에서 중요한 것은 '고객의 운명'을 변화시키는 긍정적인 경험을 제공하는 것이다. 고객이 기대하지 않은 만족을 제공하거나, 어려운 문제를 해결해 주는 순간, 그들의 서비스에 대한 인식이 달라진다. 이는 우리가 운명을 개척하는 방식과 같다. 사소한 습관의 변화, 긍정적인 마음가짐, 그리고 꾸준한 자기 개선이 결국 고객에게 더 나은 경험을 제공하게 만들고, 그 결과는 서비스 제공자와 고객 모두에게 긍정적인 영향을 미친다.

07

머리카락의 유전, 건강
그리고 CS 매너

– 사랑과 일, 문화가 있는 행복한 성장과 성공을 잡고 싶으십니까?

지금은 사진, 영상, 유튜브를 통한 만남의 시대에 살고 있다. 첫인상에서 헤어스타일과 피부는 70% 이상이다. 패션은 벗어버리면 다른 모습이 되고 스펙과 지식, 돈은 시각적으로 보이지 않는다. 중요한 자리에서나 눕거나 앉거나 어디에서나 자신의 브랜드인 헤어스타일과 피부 윤기는 중요하다. 사랑과 성공을 잡으려면 피부와 헤어스타일부터 잡아라. 당신은 이 세상에서 가장 소중한 유일한 사람이다.

– 머리가 빠지는 원인과 요인 [탈모 원인+요인]

1. 밤낮을 거꾸로 사는 직업인 중에 머리카락이 상습적으로 빠지는 사람이 많다.

제1장 _ 소통과 화합을 부르는 CS 매너　**53**

2. 밤에 깊은 잠을 못 이루고 자주 일어나는 사람, 불면증으로 인한 수면 부족은 머리가 빠지는 요인이다.

3. 위장, 신장, 방광에 이상이 있는 사람은 상습적으로 머리카락이 빠질 수 있다.

4. 섹스-지나친 성관계로 인해 호르몬을 과잉 분출하게 되면 머릿결이 거칠고 윤기가 없으며 푸석푸석해지는 증상이 일어난다.

5. 남녀 누구나 흰머리가 생기기 시작할 때 머릿밑이 조금 가렵다가 한동안 엄청 가려운 증상이 나타날 때 머리숱이 감소하고 머릿결이 꺼칠꺼칠해지면서 단백질 부족과 수면 부족 현상으로 머릿결이 자연 쇠퇴해져서 머릿결 손상과 모발 감소를 호소하게 된다.

6. 신경성 스트레스로 인한 머리 빠짐은 그 어떤 증상보다도 가장 무거운 증상이다. 신경성 스트레스로 인해 머리가 빠지면서 다시는 그 자리에 머리카락이 나지 않는다. 신경성으로 인해 표피, 진피, 두피, 모근으로 형성된 모공 속에 산소가 공급되지 않으면 세포가 생성되지 못하고 모공이 막혀버린다.

7. 원래 부모님 중에 모발이 아주 약하거나 숱이 적거나 대머리이거나 하는 유전적인 경우에는 어쩔 수 없는 것으로 가발 모자 등으로 커버하면 된다.

8. 계절적으로 정기적인 머리 빠짐이 있다. 사계절이 있는 세

계 민족은 봄볕 건조한 3~5월에는 머리카락이 빠진다. 머리가 안 빠진다고 느낄 때도 하루에 보통 50개~100개 빠지고 나는 것은 정상이다. 이때는 200개에서 300개가량 빠지는지라 왜 이럴까 하면서 의아해한다. 8월 중순부터 11월 초까지는 높은 온도의 뜨거운 여름 날씨로 인해 300개에서 700~800개까지 쏟아지는 느낌이 들 정도로 매일 머리카락이 빠진다. 머리카락이 짧은 남성이나 여성들은 변화를 못 느끼지만, 긴 모발 스타일을 가진 여성들이나 원래 머리숱이 적어서 고민하는 사람은 이때 심리적 불안으로 피부과 병원을 찾는 경우도 있다. 그래서 1년 중 11월이 머리숱이 가장 적은 달이다.

이 밖에도 평소 영양 관리 부족은 머리숱이 적어지는 요인이 되기도 한다. 원래 인간의 머리카락 숫자는 태어나서 1,3,5,7,9,11,13세까지 성장하면서 조금씩 모공 속의 세포가 늘어나고 숱이 많아진다. 13세 이후부터 사춘기 때는 신체 변화와 성장기로 인해 호르몬이 왕성해지는 15~19세 때 모발의 굵기와 영양상태와 머리카락의 숫자가 최고조에 이른다. 그리고 평균 인간의 머리카락 숫자는 약12만 개에서 24만 개 많은 사람은 약 30만 개에 이르기까지 개인에 따라 천차만별이다.

모발의 성분은 단백질65~95%, 수분 10~15%가량 함유되어 있다. 모발 세포 모유두의 기능 저하 모발의 생육이 억제되면 당연히 머리카락이 가늘어지고 약해져서 빠지기 쉬운 모발로 된다.

모모 세포의 기능 저하로 각화의 변조 및 두피의 경화를 일으켜 머지않아 모발이 생육 부진으로 연결된다. 모유두의 기능이 저하되면 헤어사이클의 이상으로 연결되어 머리카락이 생육 부진이 되고 빠지는 모발이 되고 만다.

-사회정세

가정에서도 사회에서도 스트레스를 많이 받는 사회이기 때문에 릴렉스한 상태에서 편안한 기분으로 모발의 손질을 원하는 사람이 많아지는 것은 당연하다.

종래의 숱이 없거나 탈모로 고민을 하는 사람은 30~40대의 남성 중심이었지만, 최근에는 고등학생, 20대 초반의 청소년과 청년에게서도 남성, 여성 갱년기처럼 똑같은 고민을 가진 사람이 늘고 있는 추세이다.

-탈모의 요인

유전은 피할 수 없는 문제일지는 모르지만 손질 부족이나 비듬, 염증, 화농 때문에 빠지는 모발을 스켈프케어어로 철저하게 예방할 수 있다.

-혈류의 부족

모모세포에 혈액이 도달하지 못하고 수포가 작아져 얼마 안 가서 모발이 가늘어지고 약해져 머리카락이 빠진다. 이것을 방지하기 위해서는 항상 두피 청결 두피 마사지 전문 스캘프 샴푸, 두피 강화 혈류 촉진 운동으로 혈행을 좋게 하고 모모세포의 기능을 충분하게 살려주는 것이 중요하다.

특히 피지선이나 모발은 언제나 남성 호르몬에 의해 지배되고 있다는 것이 보고되고 있다. 이 남성 호르몬을 경감시키면 [지루성]의 빠지는 모발을 감소시킬 수 있다. 남성 호르몬은 피지분비를 활발하게 하지만 여성은 20세부터 감소해가며 피부의 윤기가 없어져 두피의 피지분비도 감소하므로 남성보다는 빠지는 머리가 적다는 장점도 있다.

-탈모 방지 예방법

1. 밤10시에서 새벽2시 사이에 잠을 자야 멜라토닌이 생성된다. 수면 시에는 전자파를 없애고 깊은 잠을 잘 수 있도록 환경을 만든다.

2. 스트레스를 날려버리기 위해 언제나 고급감정[긍정적인 플러스 발상과 희망적인 감사의 마음]으로 임해야 한다.

3. 식품으로는 다시마, 미역, 검은콩, 검은깨를 자주 섭취하고 지나치게 맵고 짠 음식이나 카페인, 술, 담배 등 자극적인 것은 피

하는 것이 좋다.

4. 마지막 최후의 방법은 탈모 방지 치료나 모발 심기를 선택한다.

-탈모 예방 치료

먼저 혈행 순환을 위해 목, 어깨, 귀, 두피의 혈행 흐름 점을 찾아서 마사지한다. 탈모 방지 효과를 얻으려면 적어도 모발이 약해지고 빠진 기간 두 배 이상 매일 계속해야 한다. 심한 탈모 증상에는 본인의 나이 숫자만큼 전문 스캘프 및 두피 마사지와 모발 뿌리에 생영양을 전문 관리법으로 공급해줘야 효과를 얻을 수 있다.

모모세포로 증식하여 건강한 머리카락을 키워주면 두피의 혈행이 촉진된다. 육모효과를 주면서 모근을 활성화하여 발모를 촉진한다. 건강하지 않은 약한 모발을 건강하고 탄력 있는 모발로 되살려주고 모발의 촉촉함과 윤기를 주어 젊어지게 한다. 가려움과 비듬증도 두피의 pH가 정돈되어 상쾌하게 되면 머리가 빠지는 것도 멈추게 된다. 휴지기 상태의 모발이 재생되어 모발 양이 많아지고 여분의 피지를 억제하고 두피가 정상하 된다.

-인체에 소리 없이 쌓이는 경피독!!

인간은 분자량 1,000 이하의 성분은 좋든 나쁘든 피부로 흡수한다. 흡수에는 입으로 먹어서 흡수하는 경구흡수와 피부로 간접 흡수하는 경피흡수가 있다. 대부분 사람이 입으로 먹는 경구흡수가 흡수율이 훨씬 빠르다고 믿고 있지만, 실제 경피흡수가 속도가 빠르고 흡수량은 7,000배 많다는 연구 결과가 있다. 경피로 흡수된 독소는 모세혈관을 타고 [자궁·생식기]까지 도달하는 데 약 40분밖에 걸리지 않는다.

인체와 피부에 밀착되어 흡수되는 제품은 매일 사용하는 샴푸와 비누 화장품이다. 발라서 사용 시에 알러지를 일으킬 가능성이 있는 102가지의 성분을 전혀 사용하지 않는 인체에 해가 되지 않는 제품 전성분이 표시된 기능성 제품을 선택해야 한다. 샴푸와 비누가 생기기 전에는 인간에게 암과 아토피는 없었다.

석유계면 활성제로 전 세계적으로 샴푸와 비누 화장품을 상품화시키면서 본격적으로 아토피가 생기기 시작했다. 통계로서 일본은 10명 중 1명 우리나라는 5명 중 1명에 이른다. 우리도 모르게 석유계면 활성제의 배합 제품을 매일매일 사용하며 피부로 경피독이 흡수되고 있다.

인체 피부는 단백질로 이루어져 있고 난각막 [계란흰자]는 피부 단백질 DNA와 같다. 실제로 여러 회사의 샴푸로 단백질 변성 테스트를 해본 결과 계란에 열을 가하면 투명했던 난각막이 흰색으로 변하는데 이것이 단백질 변성이다. 계란과 샴푸를 1:1로 넣어 휘저으면 열을 가하지 않았는데도 하얗게 변하는 것을 볼 수 있다. 바로 석유 계면활성제가 알러지 반응을 일으키는 원인이다.

몸에 해로운 오일, 알코올, 방부제, 향, 색소를 전혀 사용하지 않는 병원계[자연계] 계면 활성재료를 사용한 제품 선택을 할 수 있는 정보와 시혜로움을 가져야 두피, 피부가 건강하고 윤기 나운을 부르게 된다.

무분별한 제품의 사용으로 국민 보건에 많은 피해를 입어 정부에서도 경피독에 대한 심각성을 인식하고 2008년 10월부터 우리나라도 본격적으로 성분 표시제를 의무화하고 있다. 인간의 존엄성을 생각한 기업이념이 담긴 친환경적 기능성 제품 선택 사용이 중요하다.

-피부란!

인체에서 타고난 호르몬 DNA와 생활 속에서의 [상처, 충격, 미움, 소심함, 감정선, 지성선, 폭력성, 공격성, 베품, 용서, 감사, 깨우침, 생각 세계, 먹는 음식, 수면 습관, 운동 습관… 화학성 합성계면활성제 [샴푸, 비누, 화장품] 사용으로 일어나는 환경 생태계에 의해서 피부 표면과 얼굴 형태의 변형으로 나타나는 것이 피부라 할 수 있다.

첫 번째:비워주기

배가 부를 때 아무리 맛있는 음식을 또 먹는다고 영양으로 이어질 수 없듯이 무조건 비싼 영양 크림이나 오일을 바른다고 피부가 영양을 흡수하진 못한다. 피부도 골드크림 마사지로 처짐과 경계된 활성 독소를 제거해 비우기를 하는 것이 중요하다.

두 번째; 채워주기

호르몬 밸런스의 불균형으로 피부 속 콜라겐이 빠져나가거나 생성되지 못한다. 또한 생활 환경으로 인해 수면 부족, 히알루론산 부족으로 피부 처짐과 탄력 부족 현상이 나타나는데 채워주기를 해야 한다.

세 번째:닫아주기

피부를 막아주는 막 코팅 처리와 오염, 햇빛 차단제를 잘 선택하여 관리하는 것이 중요관건이다.

[위의 내용은 필자가 오래전 젊은 시절에 일본 유학 시에 배운 내용을 MBC프로덕션에 6개월 동안 칼럼을 쓴 내용이며 춘해대학 강의할 때도 수업한 내용 일부임]

−IMAGE CHECK CHART

+두피	☐ 모발이 윤기가 줄어들고 건조해졌다. ☐ 머리카락이 많이 빠진다. ☐ 최근 들어 두피가 가렵다. ☐ 비듬이 갑자기 심해졌다. ☐ 최근들어 두피에 뾰루지가 난다.	☐ 친가나 외가 쪽에 대머리였던 분이있다. ☐ 해초류보다 육류를 좋아한다. ☐ 몸에 열과 땀이 많이 난다. ☐ 자주 화내며 기분전환이 쉽지 않다. ☐ 술과 담배를 즐기는 편이다.
+피부	☐ 건조는 신경이 쓰입니까? ☐ 잔주름이 신경 쓰입니까? ☐ 늘어짐이 신경 쓰입니까? ☐ 여드름이나 부스럼이 신경쓰입니까? ☐ 피부가 자성이고 화장이 잘 지워집니까?	☐ 모공이 신경 쓰입니까? ☐ 기미와 칙칙함이 신경 쓰입니까? ☐ 붉은기가 신경 쓰입니까? ☐ 화장독 경험이 있습니까? ☐ 피부과에 통원 경험이 있습니까?
+건강	☐ 지치기 쉬운 편입니까? ☐ 수면 시간은 불규칙합니까? 　　(취침　　시 / 기상　　시) ☐ 어깨결림이 자주 있습니까? ☐ 담배는 피우십니까?(1일　　개)	☐ 생리는 순조롭습니까? ☐ 식생활은 불규칙합니까? ☐ 위장의 상태는 나쁩니까? ☐ 변비에 자주 걸립니까? 　　(　　일에 1회)

−이미지 지수 체크 GH이미지 메이킹

■ 해당되는 항목에 체크하세요

　[이미지 A]

☐ 자기를 사랑한다.

☐ 긍정적이고 적극적인 성격이다.

□ 인생의 뚜렷한 희망과 목표가 있다.

□ 나쁜 습관보다 좋은 습관을 더 많이 가지고 있다.

□ 상대가 자신을 어떻게 생각할까를 의식하는 편이다.

□ 감성적이기 보다 이성적이다.

□ 화가 날 때 심호흡을 하며 흥분을 가라앉힌다.

□ 자기 계발을 다루는 서적을 즐겨 읽는다.

□ 연극, 음악회 등의 다양한 문화행사에 적극적으로 참여한다.

□ 눈치(이해력과 판단력)가 빠른 편이다.

□ 무력감과 우울증에서 빠르게 벗어날 수 있다.

□ 미래의 성공 이미지를 자주 그린다.

□ 매일 짧게라도 기도나 명상을 한다.

□ 사람들을 만나는 것이 즐겁다.

□ 대인관계가 원만하다.

□ 남에게 말한 약속은 반드시 지키려고 노력한다.

□ 생각하고 고민하기보다는 먼저 행동으로 옮긴다.

□ 인사성이 좋고 친절하다.

□ 스트레스가 쌓이면 취미(음악, 영화감상, 독서, 운동)생활로 풀어버린다.

□ 시간 약속을 중시여기며 잘 지키는 편이다.

□ 친구와 의미 없는 시간을 보내면 시간이 아깝다는 생각이 든다.

□ 하루의 수면 시간은 다섯 시간 내외다.

□ 아침형 인간이다.

□ 자신의 사전에 심심하고 무료한 시간이란 있을 수 없다.

□ 자신에게 이미지 모델(닮고 싶어하는 인물)이 있다.

-IMAGE CHECK CHART

IMAGE CHECK		매우 나쁨	나쁨	보통	좋음	매우 좋음
첫인상	표정					
	스마일					
자세	앉은 자세					
	선자세					
	걸음걸이					
패션	컬러					
	코디네이터					
	스타일					
메이크업	피부 표현					
	눈썹 관리					
	입술 관리					
헤어	컬러					
	스타일					
매너	인사 매너					
	전화 매너					
	비즈니스					
	테이블 매너					
스피치	음성					
	발음					
	제스처					
NAME :				SCORE :		

머리카락의 유전적 요인

머리카락의 양과 질, 그리고 탈모 경향은 주로 유전적 요인에 의해 결정된다. 부모로부터 물려받은 유전자는 우리의 모량과 모질에 큰 영향을 미치며, 특히 탈모는 남성형 탈모, 여성형 탈모와 같은 패턴으로 나타나기 쉽다. 하지만 유전적 요인이 강하더라도 환경적인 요인과 생활 식습관을 통해 어느 정도 탈모를 예방하고 모발 건강을 유지할 수 있다.

머리카락의 숫자와 수명

사람은 평균적으로 약 10만개에서 30만 개의 머리카락을 가지고 있으며, 한 올의 머리카락은 2~6년 동안 자라다가 빠진다. 머리카락은 지속해서 자라고 빠지면서 새로이 생성되는데, 이 순환 주기와 속도는 유전뿐만 아니라 건강 상태, 영양 섭취, 수면, 흡연, 스트레스 등의 영향을 받는다. 스트레스는 특히 탈모의 원인이 될 수 있으므로, 심리적 안정과 건강 관리는 모발 관리에도 중요하다.

탈모와 건강 관리

탈모는 유전뿐만 아니라 나쁜 생활 습관, 스트레스, 잘못된 식습관, 호르몬 불균형 등 다양한 요인으로 인해 발생할 수 있다. 건강한 식단과 적절한 두피 관리, 그리고 규칙적인 생활 습관을 유지하는 것이 모발 건강에 매우 중요하다. 비타민 B, D, 철분, 아연 등이 풍부한 음식을 섭취하는 것이 탈모를 예방하고 머리카락의 수명을 연장하는 데 도움을 줄 수 있다.

머리카락 관리와 CS 매너의 연계

CS 매너에서 중요한 부분은 외적인 인상 관리이다. 서비스 제공자는 첫인상에서 중요한 역할을 하는 머리카락 관리에 신경을 써야 한다. 깨끗하고 건강하게 관리된 머리카락은 고객에게 신뢰를 주고, 자기 관리에 신경을 쓰는 사람이라는 인상을 준다. 탈모나 머리카락이 얇아질 때도 적극적으로 관리를 통해 자신감을 유지하는 것이 중요하다.

서비스 제공자는 자신의 외모와 건강을 철저히 관리함으로써 고객에게 좋은 인상을 주는 동시에, 건강한 생활 습관을 유지해 모발뿐만 아니라 전체적인 웰빙을 추구해야 한다. 고객과의 신뢰를 쌓는 데 있어서 첫인상은 매우 중요한데, 그중 머리카락이 큰 역할을 한다.

머리카락과 CS 매너의 중요성

서비스 업계에서 근무하는 사람들에게 외적인 이미지는 매우 중요하다. 머리카락은 고객과의 첫 만남에서 강한 인상을 남길 수 있으며, 잘 관리된 머리카락은 청결함, 신뢰감, 건강미를 전달한다. 반면, 탈모나 머리카락의 손상은 신체적인 약점으로 보일 수 있지만, 이를 극복하고 관리하는 모습은 고객에게 긍정적인 메시지를 전달할 수 있다. 특히, 탈모 관리에 신경을 쓰고 긍정적인 마인드로 일하는 사람은 고객과의 소통에서도 자신감 넘치는 모습을 보일 수 있다.

08

피부 관리와 운명
그리고 CS 매너

　　피부는 유전적 요인에 따라 결정되지만, 피부 관리와 생활 습관을 통해 그 윤기와 광채를 유지하거나 더욱 돋보이게 할 수 있다. 매끄럽고 빛나는 피부는 호감을 주며, 사람들에게 신뢰를 형성하는 중요한 요소가 된다. 이는 서비스 직종에서 중요한데, 고객과의 첫 만남에서 좋은 인상을 남기는 데 있어 피부의 상태가 큰 역할을 하기 때문이다.

　　피부의 윤기와 탄력은 수분 공급과 밀접한 관련이 있다. 물을 충분히 섭취하는 것은 피부의 보습을 유지하는 데 필수적이며, 건조함을 예방하여 피부의 노화를 늦추는 데 도움을 준다. 고객을 대할 때도 건강하고 촉촉한 피부는 긍정적이고 활기찬 이미지를 전달한다. 따라서 물과 수분 공급은 피부 관리의 기본이자, 서비스 매너에서 신뢰감을 주는 중요한 요소다.

피부와 모발을 관리할 때 사용하는 제품의 성분도 매우 중요하다. 합성 계면활성제는 피부에 자극을 줄 수 있으며, 장기적으로 피부에 손상을 초래할 수 있다. 반면, 천연 계면활성제는 피부에 더 부드럽게 작용하고 장기적으로 피부 건강을 유지하는 데 도움을 준다. 고객과의 서비스에서는 청결하고 건강한 이미지를 유지하는 것이 매우 중요하므로, 올바른 제품을 선택하여 피부와 모발을 건강하게 유지해야 한다.

피부 건강은 우리가 섭취하는 음식과 수면의 질에 직접적인 영향을 받는다. 신선한 과일과 채소, 그리고 항산화 물질이 풍부한 식단은 피부를 보호하고 노화를 예방하는 데 도움을 준다. 반면, 정제된 설탕과 지방이 많은 음식은 피부 트러블과 노화를 촉진할 수 있다. 또한 수면의 질도 피부 재생에 중요한 역할을 하며, 충분한 수면을 취하지 않으면 피부가 피로해 보이거나 탄력을 잃을 수 있다. 건강한 피부 관리는 고객 서비스에서도 중요한 인상 요소로 작용한다.

피부 노화는 자연스러운 과정이지만, 이를 예방하고 관리할 방법이 있다. 자외선 차단제를 사용하고, 충분한 수분 공급과 영양을 통해 피부 세포 재생을 촉진하는 것이 중요하다. 또한, 스트레스를 줄이고 규칙적인 운동을 통해 혈액순환을 개선하면 피부의 탄력과 윤기를 유지할 수 있다. 이러한 피부 관리 습관은 CS 매너에서도 자신감을 높이고, 고객에게 신뢰감을 주는 데 도움을 줄 수 있다.

CS 매너와 피부 관리의 연계

서비스 업계에서 직원의 외모는 고객에게 중요한 첫인상을 남긴다. 건강하고 빛나는 피부는 고객에게 신뢰감을 주며, 서비스 제공자가 자신을 잘 관리하고 있음을 보여준다. 피부가 좋다는 것은 단순히 외적인 것뿐만 아니라, 자기 관리와 건강한 생활 습관을 반영하는 것이므로, 고객과의 상호작용에서 긍정적인 에너지를 전달할 수 있다.

09

신체의 자세와
관상, 운명론 그리고
CS 매너

신체 각 부위의 모양과 자세는 그 사람의 성격과 운명에 영향을 미친다고 여겨져 왔다. 예를 들어, 이마의 모양은 지혜와 사고력을, 눈빛과 눈썹은 의지와 성격을 나타낸다. 코는 재물운을 상징하고, 턱은 결단력과 끈기를 보여준다. 신체 각 부위가 균형 잡히고 바른 자세를 유지하고 있을 때, 사람은 더 강한 긍정적 에너지를 발산하며, 운명도 더 나은 방향으로 흐른다는 인식이 있다.

신체의 각 부위와 운명의 연관성

이마 : 넓고 깨끗한 이마는 높은 지혜와 명성을 상징한다. 지적인 직무나 리더십 역할에서 유리하다.

눈빛 : 눈은 마음의 창이라고 불리며, 강한 눈빛은 자신감과 결단력을 나타낸다. 이를 통해 고객에게 신뢰감을 주는 것이 중요하다.

눈썹 : 두껍고 자연스러운 눈썹은 활력을 상징하며, 고객과의 대면에서 명확한 소통을 돕는다.

코 : 균형 잡힌 코는 재물과 성공의 상징이다. 건강한 코는 호흡과 연관이 있어, 건강한 몸 상태를 유지하는 데 중요한 역할을 한다.

귀 : 큰 귀는 수용력과 배려를 상징하며, 서비스 업계에서는 고객의 요구를 잘 들어주는 태도를 나타낼 수 있다.

턱 : 둥글고 튼튼한 턱은 끈기와 인내심과 책임감을 상징하며 아랫사람들이 잘 따르는 리더의 관상이라고 한다. 이는 고객 응대에서 중요한 요소로 작용할 수 있다.

목과 어깨 : 바른 목과 어깨의 자세는 강한 신뢰감을 준다. 굽은 어깨나 거북목은 고객에게 피로한 인상을 줄 수 있으므로, 올바른

자세가 중요하다.

바른 자세의 중요성

바른 자세는 몸의 균형과 함께 신체의 각 기관이 올바르게 기능하도록 돕는다. 굽은 자세나 잘못된 습관은 목, 어깨, 허리 등의 통증을 유발할 뿐만 아니라, 대인관계에서도 자신감이 모자란 인상을 줄 수 있다. 서비스 직군에서는 고객에게 신뢰감을 주는 것이 중요한데, 바른 자세는 이러한 신뢰감을 형성하는 데 큰 역할을 한다.

근력 관리와 유지의 중요성

근육은 신체를 지탱하고 올바른 자세를 유지하는 데 중요한 역할을 한다. 특히, 등과 허리, 복부 근육은 상체의 균형을 잡아주고, 스쿼드, 기체조, 호흡은 단전과 하체 근력에 안정감을 준다. 일상생활속에서 규칙적인 운동과 스트레칭을 통해 근력을 유지하는 것은 단순한 건강 이상의 의미를 지니며, 고객과의 소통에서 자신감을 전달하는 데 중요한 역할을 한다.

유전적 요인과 자세의 영향

신체의 각 부위는 유전적 요인에 영향을 받는다. 예를 들어, 팔과 다리의 길이, 어깨의 넓이, 목의 길이 등은 부모에게서 물려받는 유전적 특성이다. 그러나 바른 자세와 근력 유지, 꾸준한 운동을 통해 이 유전적 특성도 개선하거나 보완할 수 있다. 서비스 직종에서 신체의 균형과 힘 있는 자세는 고객에게 좋은 인상을 남기며, 이 또한 긍정적인 운명을 끌어당기는 요소로 작용할 수 있다.

CS 매너와 신체 관리의 연관성

CS 매너에서 중요한 부분은 신체적 인상이다. 고객을 맞이할 때 바른 자세로 서 있고, 신체 각 부위가 균형을 이루고 있을 때, 자신감과 신뢰를 더 쉽게 형성할 수 있다. 예를 들어, 정돈된 손톱과 깨끗한 손은 고객에게 세심한 관리와 신뢰감을 주며, 바른 자세는 피로하지 않고 활기찬 인상을 줄 수 있다.

서비스 업계에서는 신체 관리가 단순한 외모 관리 이상의 의미가 있다. 바른 자세와 균형 잡힌 신체는 고객에게 신뢰와 자신감을 주는 중요한 요소로 작용한다. 또한, 꾸준한 운동과 근력 관리는 신체를 건강하게 유지하는 데 도움을 주며, 이는 더 나은 서비스 제공으로 이어진다. 신체의 각 부위를 관리하고 바르게 유지하는 것은 서비스 매너와 직결되며, 이를 통해 운명을 긍정적으로 변화시킬 수 있다.

목소리의 원리와
운명을 부르는 소리
그리고 CS 매너

경구개, 연구개, 그리고 혀의 조음 기능

목소리를 만드는 데 중요한 역할을 하는 경구개 (hard palate)와 연구개(soft palate)는 소리를 조절하는 주요 기관이다. 경구개는 소리의 명료성을 결정하고, 연구개는 공기의 흐름을 제어하여 소리가 비강으로 흘러가거나 입을 통해 발음되도록 도와준다. 혀는 이 과정에서 다양한 소리를 만들어내는 핵심 요소로, 혀의 위치와 움직임에 따라 발음의 정확도와 음질이 달라진다. 이러한 음성 조율은 서비스 매너에서의 명확한 전달력을 높이는 중요한 기초이다.

스피치의 톤과 깊이

사람의 목소리 톤은 그 사람의 성격과 신뢰도를 전달하는 데 중요한 역할을 한다. 높은 톤은 명랑하고 친근한 인상을 줄 수 있지만, 지나치게 높으면 긴장감을 줄 수 있다. 반면, 낮은 톤은 차분하고 안정적인 인상을 주며, 깊이 있는 목소리는 신뢰감을 형성하는 데 유리하다. 서비스 업계에서는 적절한 볼륨버튼과 속도버튼, 쉼표버튼, 재생버튼 톤을 조절하여 고객과의 소통을 원활하게 하고, 고객에게 안정감과 신뢰를 줄 수 있는 목소리가 중요하다.

음성 발음과 발성의 중요성

발음이 정확하지 않으면 메시지가 왜곡되거나 잘 전달되지 않을 수 있다. 특히 서비스 직종에서는 고객이 쉽게 이해할 수 있도록 명확한 발음이 필수적이다. 발성 역시 중요한데, 이는 단순히 큰 소리로 말하는 것이 아니라 올바른 호흡과 공명을 통해 전달력이 높고 자연스러운 소리를 만드는 것을 의미한다. 바른 발성은 고객과의 소통에서 호소력 있는 목소리를 만드는 데 도움을 준다.

호흡, 자세, 표정과 스피치의 연관성

호흡은 목소리의 깊이와 톤을 결정하는 중요한 요소이다. 특히 복식 호흡은 안정적이고 풍부한 소리를 만들어내는 데 도움이 된다. 자세는 소리의 공명을 결정하며, 올바른 자세를 유지해야 목소리가 강하게 선달된다. 또한, 표정은 목소리의 감정을 전달하는 데 큰 역할을 하며, 밝고 긍정적인 표정은 목소리 톤에도 긍정적인 영향을 미친다. CS 매너에서 이러한 요소들은 고객에게 감정적으로 공감하는 소통을 가능하게 한다.

말투와 스피치로 운명을 바꾸는 원리

말투는 사람의 인상을 결정하는 중요한 요소로, 친절하고 따뜻한 말투는 사람들 사이에서 신뢰감을 높이고 호감을 형성하는 데 도움이 된다. 운명론적 관점에서 볼 때, 말하는 방식과 말투가 사람의 인간관계와 사회적 성공에 큰 영향을 미친다고 한다. 상냥하고 우아하고 부드러운 좋은 말투는 운명을 긍정적으로 이끌 수 있는 중요한 도구이며, 서비스 매너에서도 겸손과 존중의 친절한 말투는 고객 만족을 높이는 핵심이다.

CS 매너와 목소리의 연계

서비스 직종에서는 목소리의 톤, 발음, 그리고 말투가 고객 만족에 큰 영향을 미친다. 올바른 녹소리 관리는 고객과의 원활한 소통을 가능하게 하며, 신뢰감을 형성할 수 있는 중요한 요소이다. 목소리의 깊이 있는 발성과 명확한 발음은 고객에게 안정감을 주며, 적절한 호흡과 바른 자세는 고객에게 프로페셔널한 인상을 남긴다.

11

감사 쓰기와 명상의 힘
– 하루의 시작과 마무리 그리고 CS 매너

감사 명상의 시작: 새벽의 의식

일본 유학 시절부터 40년 동안 이어온 감사 명상과 감사 쓰기 습관은 매일 아침 동쪽을 바라보며 시작된다. 산, 바다, 강, 하늘 또는 집 안에서 시작하는 이 명상은 하루를 긍정과 감사로 가득 채우는 중요한 의식이다. 명상 중에 떠올리는 것은 나에게 가장 소중한 사람들이다.

첫 번째, 가장 가까운 친구: 내 인생에서 가장 소중한 우정과 지지.
두 번째, 자녀들: 내 삶의 원동력이자 미래.
세 번째, 수강생: 내 지식과 경험을 나누며 성장하는 사람들.
네 번째, 지인들: 나를 지지하고 응원하는 모든 관계.

다섯 번째, 사회 모임 및 단체: 내가 속한 조직과 함께 나누는 목표와 성취.

여섯 번째, 내가 아는 모든 사람: 나를 찾아주고 도움 준 모든 사람들.

마지막으로, 나 자신: 나의 건강, 사랑, 일, 문화로 성장하고 밝은 에너지를 전파하는 내 모습을 응원하며 하루를 시작한다.

이 과정에서 모든 관계와 상황에 대한 감사의 마음을 품고, 내가 속한 모든 공간이 성장하고 발전하며, 행복한 성장을 응원하는 명상을 한다. 이 명상은 단순한 마음의 평안을 넘어, 긍정적이고 밝은 에너지를 주변에 전달하는 중요한 동력이다.

저녁의 감사 쓰기와 명상

하루를 마무리할 때, 아침부터 저녁까지 일어난 모든 일을 되돌아보며 감사하는 시간을 가진다. 사람들과의 만남, 사건들, 그리고 경험한 모든 순간을 감사 쓰기로 기록하며, 현재의 삶에 감사하는 마음으로 하루를 마무리한다. 이 저녁 의식은 하루의 성찰과 더불어 내일의 긍정적 에너지를 준비하는 중요한 과정이다.

감사 명상과 CS 매너 서비스와의 연관성

감사는 단순히 마음의 태도가 아니라, 사람들과의 관계에서 중요한 역할을 한다. CS 매너는 고객과의 관계를 형성하고 유지하는 과정에서 감사의 마음을 표현하는 것이 핵심이다. 고객에게 감사하는 마음을 가지고 응대하는 것은 고객 만족도를 높이고, 관계의 질을 향상할 수 있는 중요한 방법이다.

아침의 감사 명상은 고객과의 소통을 위한 긍정적인 에너지를 제공한다. 고객을 만날 때 그들에게 감사하는 마음을 표현함으로써, 더 나은 서비스와 신뢰를 형성할 수 있다.

저녁의 감사 쓰기는 그날 만났던 고객들과의 상호작용을 성찰하고, 서비스 개선을 위한 동기부여를 제공한다. 하루의 경험을 되짚어보며, 고객들에게 더 나은 서비스를 제공할 방법을 찾는 데 도움이 된다.

감사가 만드는 운명과 서비스

감사 명상과 쓰기는 내 삶의 성장과 성공을 이끄는 중요한 원리이다. 감사하는 마음은 나의 태도를 변화시키고, 그 태도는 고객과의 관계에 긍정적인 영향을 미친다. 이러한 감사의 실천은 단순한 개인적 성장을 넘어, CS 매너와 서비스의 질을 향상하는 중요한 도구이다.

12

어떻게 어떤 모습으로
인생을 살 것인가?

1. 나 자신과 계약하라

자기와의 계약은 자기 확신을 강화하고 삶의 방향을 확실히 설정하는 중요한 약속이다. 이 과정에서 자신이 원하는 목표와 가치에 대해 명확히 이해하고, 그것을 반드시 지키겠다는 결의가 필요하다.

"우리가 다른 사람과 계약할 때만큼, 자기 자신과의 약속이 중요하다. 오늘 이 자리에서 스스로와 계약을 맺어보자. 내가 원하는 인생의 모습, 내게 맞는 목표와 그 목표를 이루기 위한 다짐을 기록해 보자. 이 계약이야말로 여러분의 변화를 이끄는 첫걸음이다."

2. 최고의 변화는 어떻게 만들어지는가

변화는 작은 행동과 일관된 노력에서 시작된다. 변화의 힘을 이해하고, 지속적 성장을 위해 작은 습관부터 어떻게 바꿀 수 있는지 배우는 시간이 필요하다.

"변화는 거창한 결심이 아니라 일상의 작은 변화에서 시작된다. 매일 1%씩 성장한다면, 1년 후에는 37배의 발전을 이룰 수 있다. 여러분이 원하는 변화를 위해 매일 어떤 작은 습관을 실천할 수 있을지 생각해 보자. 작고 지속적인 변화가 여러분을 안정된 자신감 있는 아름다운 멋진 최고의 자리로 이끌 것이다."

3. 새로운 삶을 설정하고 완전 성장된 다른 모습의 사람으로 나를 그려라

자신이 성장해 도달할 모습, 이상적인 자아의 이미지를 시각적으로 그리고, 구체적으로 상상해 보는 과정이다. 이를 통해 긍정적인 비전과 동기부여를 강화할 수 있다.

"성공한 나의 모습을 머릿속에 그려보자. 구체적일수록 좋다. 여러분이 원하는 이상적인 자아는 어떤 모습인가? 어떤 옷을 입고, 어떤 일을 하며, 어떤 사람들과 함께하고 있나? 이미지를 시각화하여 매일 떠올리며 여러분의 목표를 더욱 실감 나게 만들어 보자."

4. 지금까지 안 좋은 습관을 버려라. (리스트를 뽑아라)

성장을 방해하는 습관을 명확히 파악하고 이를 버리는 것이 변화의 중요한 시작점이다. 먼저 안 좋은 습관을 나열하고, 구체적으로 개선 방법을 생각해 보는 것이 필요하다.

"우리가 바꾸고자 하는 목표는 좋은 습관을 쌓는 것에서 시작되지만, 동시에 안 좋은 습관을 버리는 것에서도 시작된다. 지금 여러분이 성공을 방해하는 습관은 무엇인가? 이 습관을 리스트로 작성하고, 각각의 개선 방법을 고민해 보자. 변화는 버려야 할 것을 정리하는 것에서부터 시작된다."

5. 나는 내가 선택한 사람이 된다.

자신의 선택이 곧 자신의 인생을 결정짓는다는 자기 주도적 태도를 강조한다. 나의 모습은 내가 선택한 결과라는 책임 의식을 키우는 과정이다.

"여러분은 스스로 선택한 사람이 된다. 지금의 내 모습은 어제의 선택들로 이루어져 있다. 오늘 여러분은 어떤 선택을 하겠는가? 오늘의 선택이 내일의 여러분을 만들 것이다. 모든 선택에서 '나는 내 인생의 주인공이다'라는 확신을 가지자."

6. 무서움, 소심함, 어색함, 수줍음에서 탈피하라

자신을 가로막는 감정적 장벽을 극복함으로써 자유롭게 자신을 표현할 힘을 기른다. 이를 통해 두려움을 이겨내고 더 당당하게 나아가도록 한다.

"우리 모두에게 두려움과 소심함은 자연스러운 감정이다. 그러나 그것을 이겨내지 못하면 성장할 수 없다. 내가 어떤 감정으로 인해 도전을 두려워하는지, 이를 극복하기 위해 어떤 연

습이 필요한지 생각해 보자. 한 걸음씩 자신을 표현할 용기를
길러나가는 과정을 통해 두려움을 극복하자.”

7. 누구나 자기가 원하는 사람이 될 수 있다

사기 성장 가능성에 대한 긍정적 믿음을 심어주고, 원하는 모
습을 향해 나아갈 수 있다는 가능성을 강조한다.

“사람은 누구나 자신이 꿈꾸는 모습으로 성장할 수 있다. 자신
을 제약하는 것은 본인이 만든 벽이다. 그 벽을 허물고 ‘나는
무엇이든 될 수 있다’는 믿음을 가져보자. 여러분이 원하는 모
습으로 스스로를 변화시키는 주체가 바로 여러분 자신이다.”

8. 존경, 멘토, 응원 지지자의 사람 77인의 인맥숲을 만들어라.

존경할 만한 멘토와 지지자를 통해 지속적인 동기부여와 지지
를 받는 것의 중요성을 강조한다. 이들은 성장의 동반자이며, 자
신이 힘들 때 든든한 버팀목이 되어줄 수 있다.

“성공적인 삶에는 반드시 나를 응원해 주는 사람들이 필요하

다. 여러분의 삶에서 존경할 만한 멘토가 누구인지 생각해 보자. 그리고 그들에게 배우고, 응원을 받아보자. 함께 성장할 동반자와 지지자를 얻는 것은 여러분의 성장을 한층 더 견고하게 만들어줄 것이다."

9. 체력, 지성, 관상, 문화, 돈, 명예: 머리끝에서 발끝까지 성공적이고 매력적인 내 모습을 디자인하라.

성공적인 삶을 이루기 위해 신체적 건강, 정신적 성숙, 심리적, 사회적 이미지 등 다방면에서의 자기 관리를 강조한다. 자기 자신을 설계하고 가꿔나가는 노력을 통해 원하는 삶의 모습을 창조하는 과정이다.

"머리끝에서 발끝까지 자신을 성공적이고 매력적인 모습으로 디자인해 보자. 건강한 체력, 지성, 그리고 자신감 있는 모습을 통해 내가 원하는 삶을 만들어갈 수 있다.

자기 자신을 철저하게 관리하고, 문화와 사회적 가치관을 포함하여 다방면에서 나를 가꾸어보자. 여러분의 노력은 곧 여러분의 매력으로 드러날 것이다."

13

선거에서 후보자의 성공적인 선거 전략
- 악수, 인사, 자세, 말, 표정. 행동의 중요성

우리나라에는 대선, 총선, 지방선거 등 여러 선거가 치러진다. 여기서는 지방 단체장 선거를 예로 다루어 선거에서 승리하기 위한 유권자와 소통하는 방법을 다루겠다. 정책과 비전만큼 중요한 것이 바로 유권자와의 직접적인 소통과 인상이다. 특히 악수, 인사, 자세, 말투, 행동 등은 유권자에게 좋은 첫인상을 남기는 결정적인 요소로 작용한다.

악수의 중요성

악수는 유권자와 처음 만났을 때 신뢰를 줄 수 있는 중요한 순간이다. 악수는 단순한 인사 이상으로, 상대방에게 후보자의 진심을 전달할 수 있는 물리적 접촉이기 때문이다.

악수는 너무 강하거나 약해서는 안 된다. 적당한 강도로 손을 잡아야 상대방에게 자신감과 신뢰감을 전달할 수 있다. 악수할 때는 반드시 상대방의 눈과 눈 밑 와잠 부분을 바라봐야 한다. 이는 상대방에게 진정성을 선달하며, 중요한 신뢰의 신호로 작용한다. 그리고 너무 길거나 짧은 악수는 불편함을 줄 수 있다. 적당한 시간 동안 악수를 유지하며 자연스럽게 마무리하는 것이 좋다. 그리고 악수와 함께 부드러운 미소를 짓는 것이 중요하다. 미소는 상대방에게 친근감을 주고, 유권자에게 후보자의 따뜻한 인상을 심어줄 수 있다.

인사의 기술

첫인상이 가장 중요하다. 정치인이 유권자와 처음 대면할 때 인사는 그 자체로 유권자의 마음을 사로잡을 수 있는 중요한 도구이다. 첫인상이 긍정적이면 그 이후의 대화나 소통이 훨씬 수월해진다. 인사는 정중하고 겸손하게 해야 한다. 겸손하고 진정성 있는 인사는 후보자에 대한 좋은 이미지를 남긴다. 다수의 사람과 만날 때도 각 개인에게 맞춘 인사를 건네는 것이 중요하다. 상황에 따라 유머를 섞거나, 공동 관심사를 언급하며 인사하면 더 효과적이다.

자세는 후보자의 신뢰를 표현

선거운동 중 후보자의 자세와 태도는 유권자에게 강한 인상을 남긴다. 신뢰를 주기 위해서는 자세가 가지는 메시지를 신경 써야 한다. 자세의 중요 요소는 정치인은 항상 자신감 있는 자세를 유지해야 한다. 몸을 구부리거나 움츠리는 모습은 자신감 부족으로 보일 수 있다. 팔짱을 끼거나 다리를 꼬는 자세는 방어적인 태도로 보일 수 있다. 열린 자세로 상대방에게 다가가는 것이 중요하다. 손짓은 말과 함께 메시지를 강화하는 도구이다. 너무 과장되거나 너무 작아도 안 되며, 자연스럽고 확신에 찬 손짓을 통해 메시지를 전달해야 한다. 말이 곧 인물이다.

정치인은 말로 사람을 설득해야 하는 직업

선거운동에서 사용하는 말투와 단어 선택은 후보자의 이미지를 결정짓는 중요한 요소이다. 간결하고 명확하게 말해야 한다. 복잡한 용어나 장황한 설명보다는 간결하고 쉽게 이해할 수 있는 언어를 사용해야 한다. 유권자들이 공감할 수 있는 단어와 표현을 사용하면 더욱 좋다. 그리고 부정적인 표현보다는 긍정적이고 희망적인 메시지를 전달해야 한다. 미래에 대한 비전과 가능성을 강조하는 것이 유권자에게 더 큰 호소력을 가질 수 있다. 말을 함에 있어 논리적인 설명도 중요하지만, 감정을 자극하는 메시지를 함께 전달하는 것이 효과적이다. 그것은 유권자의 삶과 감정을 공감한다는 인상을 준다. 지나치게 진지하거나 딱딱한 태도보다는 상황에 맞는 유머와 따뜻함을 표현하는 것이 중요하다. 이는 유권자와의 관계를 부드럽게 만들고 친밀감을 형성하는 데 도움이 된다.

행동이 말보다 더 강하다

후보자의 행동은 그가 말하는 것보다 더 큰 영향력을 미칠 수 있다. 행동 하나하나가 유권자들에게 메시지를 전달하며, 일관성 있는 행동은 신뢰를 강화한다.

성공적인 행동 전략으로 첫째, 유권자와의 소통을 최우선으로 해야 한다. 정치인은 항상 유권자와 가까이 있으며, 그들의 목소리에 귀를 기울여야 한다. 유권자의 의견을 경청하고 그들의 요구에 반응하는 행동은 신뢰를 쌓는 데 중요다. 둘째, 유권자가 있는 현장을 방문하고, 직접적인 대화를 나누는 것이 중요하다. 이러한 행동은 후보자가 국민의 삶에 대해 얼마나 진지하게 관심이 있는지를 보여준다. 셋째, 일관성을 유지하며 말과 행동이 일치해야 한다. 말로는 공약을 이야기하면서 실제 행동이 이를 반영하지 않으면, 유권자의 신뢰를 잃게 된다. 넷째, 긍정적 이미지를 구축해야 한다. 항상 긍정적이고 활기찬 이미지를 유지해야 한다. 어려운 상황에서도 낙관적이고 희망적인 모습을 보여주어야 한다.

소통과 관계 형성

유권자와의 관계가 승리의 열쇠이다. 정치인은 유권자와의 관계 형성을 통해 신뢰를 쌓고, 그들을 자신의 편으로 만들어야 한다. 단순히 표를 얻기 위한 관계가 아니라, 진정성 있는 소통이 필요하다.

유권자와의 관계를 강화하는 방법으로는 첫째, 각 유권자의 의견과 상황을 존중하는 것이 중요하다. 한 사람 한 사람을 소중히 여기고 그들의 이야기를 경청하면, 후보자에 대한 호감도는 크게 상승한다. 둘째, 일회성 만남보다는 지속적인 접촉이 중요하다. 지역 사회나 행사에 자주 참여하여 유권자와의 관계를 꾸준히 관리하는 것이 선거에서 중요한 전략이다. 셋째, 현대 정치에서 소셜 미디어는 유권자와의 소통을 강화할 수 있는 중요한 도구이다. 진정성 있고 일관된 메시지를 소셜 미디어를 통해 전달하는 것이 효과적이다.

14

정치인의 국가관,
덕목, 신뢰, 책임 그리고
행동과 언행의 중요성

정치인의 역할과 책임

정치인은 국민을 대표하여 국가의 방향을 결정하고, 공공의 이익을 위한 정책을 수립하는 중요한 위치에 있다. 그들의 국가관과 덕목은 국가의 미래를 결정짓는 핵심 요소이며, 정치인의 신뢰와 책임은 국민이 그들을 어떻게 바라보는지에 큰 영향을 미친다.

이 원고에서는 정치인의 국가관과 그들이 갖추어야 할 덕목, 신뢰와 책임, 그리고 행동과 언행에서 실행력의 중요성을 말하고자 한다. 이를 통해 정치인이 국민에게 진정으로 신뢰받고, 국가를 이끄는 지도자로서 어떤 자세를 가져야 하는지 살펴보자.

정치인의 국가관

국가관이란? 정치인이 국가와 국민을 어떻게 이해하고, 어떤 방향으로 이끌어 가고자 하는지를 나타내는 가치관이다. 정치인의 국가관은 그가 제안하는 정책과 행보에 직결된다. 정치인은 국가의 이익을 우선시해야 하며, 국민 전체의 이익을 고려하여 결정을 내려야 한다. 사적인 이익이나 특정 집단의 이익을 우선하는 자세는 국민의 신뢰를 잃게 만든다. 정치인은 모든 권력이 국민에게서 나옴을 인식하고, 국민의 목소리를 경청하며, 국민의 요구에 부응하는 정책을 마련해야 한다. 이는 민주주의의 기본 원칙이며, 정치인의 국가관의 핵심이다. 정치인은 단기적인 성과나 당장의 정치적 이익이 아닌, 국가의 장기적인 발전과 미래 세대를 위한 계획을 세워야 한다. 정치적 비전과 국가의 장기적 이익을 고려하는 넓은 시야가 필요하다.

정치인이 갖춰야 할 덕목

정치인의 덕목이란? 정치인은 단순히 법률과 정책을 다루는 사람이 아니라, 국민의 삶에 직접적인 영향을 미치는 지도자이다. 따라서 그들은 도덕적이고 윤리적인 덕목을 갖추어야 하며, 이를 바탕으로 국민의 신뢰를 얻을 수 있다. 정치인의 덕목을 살펴보자.

1. 청렴: 정치인은 부정부패에 관여하지 않고, 공공의 이익을 위해 투명하게 행동해야 한다. 청렴한 정치인은 국민에게 신뢰를 주며, 국가 발전에 기여할 수 있다.

2. 공정: 모든 국민에게 공정하게 대하고, 법과 규정에 따라 차별 없이 정책을 집행해야 한다. 공정한 정치인은 국민 모두의 권리를 보호하며, 사회적 갈등을 줄이는 데 기여한다.

3. 봉사 정신: 정치인은 권력을 누리는 것이 아니라, 국민을 섬기고 봉사하는 자세를 가져야 한다. 진정으로 국민을 위한 마음가짐을 갖춘 정치인이 존경받고 지지를 받을 수 있다.

4. 겸손함: 정치인은 국민의 뜻을 최우선으로 생각하고, 자신의 권력과 지위를 남용하지 않는 겸손한 태도를 유지해야 한다. 겸손한 정치인은 국민의 목소리를 더 잘 들을 수 있으며, 효과적인 소통을 할 수 있다.

신뢰와 책임의 중요성

정치인에게 가장 중요한 자산은 국민의 신뢰이다. 신뢰는 정치인의 말과 행동이 일치할 때, 그리고 약속을 지킬 때 형성된다. 정치인은 정책 이행에 대한 책임이 따른다. 정치인은 자신이 공약한 정책을 이행할 책임이 있다. 약속을 지키지 못하거나 일관성이 없는 행동은 신뢰를 잃게 만든다.

국민에게 책임지는 자세를 가져야 한다. 정치인은 자신의 결정이 국민의 삶에 미치는 영향을 항상 고려해야 한다. 잘못된 판단이나 실수가 있을 때, 이를 책임지고 해결할 의무가 있다. 책임을 회피하는 정치인은 국민의 신뢰를 잃게 된다.

투명하게 의사소통해야 한다. 정치인은 정책과 결정의 배경을 국민에게 투명하게 설명할 책임이 있다. 국민이 정치적 결정에 대해 이해할 수 있도록 명확한 의사소통이 필요하다.

정치인의 행동과 언행의 일관성

정치인은 말뿐만 아니라 행동으로도 국민에게 본보기가 되어야 한다. 말과 행동이 일치할 때, 국민은 그 정치인을 신뢰할 수 있다. 행동이 일관되지 않거나 말과 상반될 경우, 정치인은 국민의 신뢰를 잃는다.

1. 책임 있는 발언: 정치인의 말은 단순한 의견이 아니라, 국민과 미디어에 큰 영향을 미친다. 따라서 정치인은 신중하고 책임 있는 발언을 해야 한다. 그들의 말 한마디가 국가와 국민에게 미치는 파급력을 항상 염두에 두어야 한다.

2. 일관된 메시지 전달: 정치인은 자신의 정책과 비전을 국민에게 일관성 있게 전달해야 한다. 말의 일관성이 유지되지 않으면, 국민은 혼란을 느끼고 정치인의 신뢰도가 떨어지게 된다.

3. 솔직함: 정치인은 자신의 실수나 부족한 점에 대해 솔직하게 인정할 수 있어야 한다. 솔직한 정치인은 오히려 국민에게 신뢰를 줄 수 있으며, 어려운 상황에서도 국민의 지지를 받을 수 있다.

실행력의 중요성

정치인은 단순히 계획을 세우고 말하는 데 그치지 않고, 이를 실제로 실행하는 능력을 갖추어야 한다. 국민이 체감할 수 있는 변화를 끌어내는 정치인이 진정으로 신뢰받고 존경받는 지도자가 될 수 있다.

1. 결과를 통해 신뢰를 쌓는다: 정치인은 말로만 끝나는 것이 아니라, 실질적인 변화를 끌어내야 국민의 신뢰를 얻을 수 있다. 실행력이 없는 정치인은 국민에게 실망을 안기고, 정치적 신뢰를 잃게 된다.

2. 문제를 해결하는 리더십: 정치인의 실행력은 국가적 문제를 해결하는 데 필수적이다. 이론적이거나 이상적인 정책만으로는 국가의 발전을 이끌 수 없다. 정치인은 실제 문제를 해결하는 능

력을 갖추어야 한다.

　3. 국민의 기대에 부응: 정치인은 국민의 기대에 부응할 수 있는 실행력을 보여주어야 한다. 정책이 실제로 실행될 때 국민은 정치인을 지지하고, 신뢰가 강화된다.

　역사적으로 존경받는 정치인은 항상 높은 책임감과 실행력을 발휘해 왔다. 그들은 국민의 기대에 부응하며, 약속을 지키고, 어려운 결정을 통해 국가를 발전시켰다. 반면, 말만 많고 실질적인 성과를 내지 못한 정치인들은 국민의 신뢰를 잃고 정치적 생명이 짧아졌다. 정치인이 실행력과 책임감을 얼마나 중요한 덕목으로 여겨야 하는지를 잘 보여준다.

정치인의 미래 비전

　정치인은 국가의 장기적인 발전을 목표로 미래지향적인 정책을 개발해야 한다. 국가의 경제, 사회, 환경 등을 고려한 지속 가능한 발전 계획이 필요하다. 그리고 미래 세대와 현재 세대가 조화롭게 공존할 수 있는 사회를 만들어야 한다. 이를 위해 세대 간 갈등을 줄이고 협력하는 정책을 추진하는 것이 중요하다. 뿐만 아니라 국내뿐만 아니라 국제적인 시각을 넓히고, 글로벌 이슈에 대해 관심을 가져야 한다. 국제 사회에서의 협력과 국가 간 상호 의존성이 커지는 시대에서 정치인은 글로벌 리더십을 발휘할 수 있어야 한다.

정치인은 국가와 국민을 위해 일하는 위치에 있다. 그들의 국가관, 덕목, 신뢰, 책임, 그리고 행동과 언행은 모두 국가와 국민의 미래를 결정짓는 중요한 요소다. 정치인은 공익을 위해 봉사하고, 국민을 위한 정책을 실천하는 자세를 가져야 한다. 말뿐만 아니라 행동으로 신뢰를 보여주고, 책임감 있게 국가를 이끌어 나가는 것이 중요하다. 결국, 국민에게 신뢰받는 정치인은 청렴하고 공정하며, 자신의 말과 행동이 일치하는 사람이다. 그들은 국가를 위해 사명감을 가지고 일하며, 국민의 기대에 부응하는 실행력을 발휘해야 한다.

병원과 의료시설에서의
서비스

병원 의료 서비스는 생명 보호차원에서부터 시작된다. 조직 능력 강화, 화합, 봉사 정신을 주제로 의료기관 내에서 환자와의 소통, 직원 간 협력, 그리고 봉사 정신을 어떻게 실천할 것인가를 다룬다.

치료 이상의 서비스, 환자 중심의 의료 서비스

병원과 의료시설은 단순히 치료를 제공하는 곳을 넘어, 환자와 가족에게 따뜻한 서비스를 제공하는 중요한 공간이다. 의료 서비스의 질은 환자의 건강과 직접적으로 연결되지만, 그 과정에서 제공되는 CS(Customer Service) 매너는 환자와 가족들에게 더욱 큰 신뢰와 만족감을 줄 수 있다.

환자 중심의 CS 매너

의료기관에서 가장 중요한 것은 환자를 중심으로 한 서비스이다. 환자와의 첫 만남부터 퇴원할 때까지 모든 과정에서 환자가 편안함과 안전함을 느낄 수 있도록 해야 한다. 의료진뿐만 아니라, 병원 내 모든 직원은 환자에게 친절하고 공감하는 태도를 유지해야 한다.

먼저 환자의 말에 귀 기울이고, 그들의 불안과 걱정을 공감하는 태도로 들어야 한다. "지금 어떤 불편함이 있으신가요?"라고 물으며, 작은 세부 사항도 놓치지 않도록 한다.

의료 용어는 환자에게 생소할 수 있으므로, 친절하고 이해하기 쉬운 말로 설명해야 한다. "이해되셨나요? 더 궁금한 점이 있으면 말씀해 주세요."와 같은 표현을 통해 환자의 신뢰를 얻는다.

병원 환경이 아무리 바쁘더라도 환자와의 눈 맞춤과 미소는 빠트리지 않아야 한다. 이러한 작은 행동은 환자에게 큰 안도감을 줄 수 있다.

의료시설 내 팀워크와 조직 화합

의료 서비스는 다양한 전문 분야의 협력이 요구되는 복잡한 시스템이다. 따라서 팀워크와 조직 화합은 환자에게 최고의 서비스를 제공하기 위해 필수적이다. 의료진 간의 원활한 소통은 환자의 치료 과정에서 오류를 줄이고, 더 나은 치료 결과를 가져올 수 있다.

정기적인 커뮤니케이션을 해야 한다. 각 부서 간의 정기적인 회의와 협력을 통해 환자의 치료 계획을 공유하고, 각자의 역할을 명확히 한다. 예를 들어, 환자의 상태와 치료 계획을 실시간으로 공유하는 플랫폼을 사용하는 것이 좋다.

협력의 문화를 가져야 한다. 병원 내 각 부서가 서로를 존중하고, 상호 의존적인 관계를 형성하도록 노력해야 한다. 즉, 모든 직원은 공동의 목표인 환자 치료를 위해 한 팀으로 일한다는 의식을 가져야 한다.

병원 내에서 협력한 동료들에게는 감사의 마음을 표현하는 것이 중요하다. "덕분에 치료가 원활하게 진행되었습니다. 감사합니다"와 같은 작은 말 한마디가 팀워크를 더욱 강화한다.

봉사 정신을 바탕으로 한 의료 서비스

의료는 단순한 직업이 아닌, 봉사 정신을 실천하는 분야이다. 병원에서 근무하는 모든 직원은 환자와 그 가족을 위해 헌신하고, 더 나아가 사회적 책임을 다하는 자세를 가져야 한다. 봉사 정신은 환자에게 신뢰를 주고, 의료기관의 이미지를 향상시키는 아주 중요한 요소이다.

환자의 필요를 먼저 생각하고, 그들의 고통을 최소화할 방법을 고민해야 한다. 예를 들어, 작은 불편함을 미리 파악해 신속하게 해결하는 것이 중요하다.

봉사 정신을 함양하기 위해 병원 차원의 사회적 공헌 활동에 자발적으로 참여하는 문화를 조성한다. 예를 들어, 지역 사회를 위한 무료 건강검진 또는 봉사 활동을 통해 의료진의 책임 의식을 강화할 수 있다.

고객 불만 처리와 긍정적인 피드백

병원에서는 다양한 환자와 가족을 만날 수 있으며, 때로는 서비스에 대한 불만을 접할 수도 있다. 이때 중요한 것은 불만을 신속하고 긍정적으로 처리하는 것이다. 환자나 보호자의 불만을 경청하고, 적절한 대응을 통해 신뢰를 회복하는 과정이 필요하다.

불만이 제기되었을 때, 원인을 파악하고 빠르게 해결책을 제시해야 한다. "불편을 겪게 해드려 죄송합니다. 곧 해결해 드리겠습니다."라고 말하며 신속히 조치한다.

불만뿐만 아니라 긍정적인 피드백도 적극적으로 수용할 수 있는 시스템을 마련한다. 환자와 보호자로부터 받은 칭찬을 직원들과 공유하여 동기부여를 강화할 수 있다.

지속적인 CS 교육과 서비스 개선

의료시설의 서비스는 환자의 경험과 직결된다. 따라서 지속적인 CS 교육이 필수적이다. 의료진뿐만 아니라 모든 직원이 주기적으로 CS 매너 교육을 받아, 병원의 서비스 수준을 높이고, 환자 만족도를 지속적으로 개선해야 한다.

환자 응대, CS 매너, 서비스 개선을 위한 정기적인 교육 프로그램을 운영한다. 이를 통해 서비스의 질을 지속적으로 점검하고 개선한다. 직원들이 직접 서비스 개선에 대한 아이디어를 제안하고 실천할 수 있는 문화를 만들어, 자발적인 혁신이 이루어지도록 한다. 의료기관 내 모든 직원이 서비스 마인드를 강화하고, 환자에게 최상의 경험을 제공할 수 있어야 한다.

2장

세대를 잇는
마음의 언어
"CS 매너"

01

청소년, 인성과
스피치로 세상을 향해
나아가다

청소년기는 자기 정체성을 형성하고, 타인과의
관계를 배우며, 미래를 준비하는 중요한 시기이다. 이 시기에 인
성과 스피치를 배우는 것은 매우 중요하다. 좋은 인성은 청소년이
올바른 선택을 하도록 도와주며, 효과적인 스피치는 자신의 생각
과 감정을 명확하고 자신 있게 표현할 수 있는 능력을 길러준다.

인성이란 무엇인가?

인성은 사람의 행동과 태도를 형성하는 중요한 요소이다. 청소
년들은 학교와 가정에서 배운 가치관을 바탕으로 자신의 인성을
형성하게 된다. 긍정적인 인성은 사람과의 관계를 건강하게 유지
하고, 자신의 삶에 긍정적인 영향을 미친다. 청소년에게 인성 교

육을 하는 목적은 그들이 성숙한 성인이 되어 올바른 사회적 역할을 수행할 수 있도록 돕는 것이다.

(실천 지침)

타인의 생각과 감정을 존중하고 배려하는 자세를 가져야 한다. "나는 네 의견을 존중해"와 같은 대화를 통해 상대방을 이해하는 연습을 하자.

자신의 행동에 책임을 지고, 잘못을 인정하며 개선하는 태도를 배운다. "이건 내가 실수한 부분이야, 다음엔 더 나아질 거야"라고 스스로에게 말한다면 성장할 수 있다.

작은 일에도 감사하는 마음을 갖고, 긍정적인 시각으로 상황을 바라보는 훈련을 한다. '오늘도 소중한 경험을 했어.'라는 표현을 통해 긍정적인 에너지를 키울 수 있다.

자신감 있는 스피치란?

청소년은 자신의 생각을 명확하게 전달하고, 사람들 앞에서 말하는 것에 대해 두려움을 느낄 수 있다. 하지만 스피치는 자신감과 명확한 표현을 통해 성장할 수 있는 중요한 도구이다. 스피치 기술을 익히는 것은 청소년들이 리더십을 성장시키며 재능을 발휘하게 하고, 자신의 의견을 자신감 있게 당당하게 제시할 수 있게 도와준다.

스피치에서 가장 중요한 것은 자신을 표현하는 능력이다. "나는 이런 생각을 하고 있어"라고 명확하게 자신의 의견을 전달하는 연습을 하자.

스피치 중에는 명확한 발음과 자신감 있는 목소리가 필요하다. 목소리를 너무 낮추지 말고, 듣는 사람이 이해하기 쉽게 또렷하게 말하는 연습을 하자.

스피치에서 비언어적 요소도 큰 영향을 미친다. 적절한 몸짓과 밝은 표정을 통해 청중과 소통하자. "오늘 이야기는 정말 중요해"라는 말에 진정성을 더하려면, 표정과 손짓 몸짓도 함께 사용하자.

스피치 주제 선택과 구성하기

스피치를 준비할 때, 가장 중요한 것은 주제를 선택하고 그에 맞는 구조를 짜는 것이다. 청소년들에게는 그들이 흥미를 느끼고 자신의 경험을 바탕으로 이야기를 풀어낼 수 있는 주제를 선택하는 것이 좋다. 주제가 정해지면 스피치의 시작, 본론, 결론을 명확하게 구성하여 청중의 관심을 끌 수 있다.

(실천 지침)

자신이 관심 있는 주제를 선택하자. 존경하는 인물이나 미래의 꿈과 같은 주제는 청소년들이 쉽게 공감하고 말할 수 있는 내용이다.

스피치는 세 가지 단계로 구성해야 한다. 시작에서는 청중의 관심을 끌고, 본론에서는 메시지를 전달하며, 결론에서는 핵심 메시지를 다시 강조한다.

스피치를 더 생동감 있게 만들기 위해 자신의 경험이나 일화를 포함하자. 예를 들어, "저는 최근에 친구와 갈등을 겪었는데, 그 상황에서 배운 것이 있습니다."와 같은 이야기는 청중에게 더 큰 공감을 줄 수 있다.

스피치에서의 자신감 키우기

스피치를 할 때 자신감이 부족한 청소년들은 종종 불안감을 느끼곤 한다. 하지만 연습과 긍정적인 사고로 자신감을 키울 수 있다. 중요한 것은 자기 자신을 믿는 마음과 실패를 두려워하지 않는 태도이다.

실천 지침

스피치는 연습이 필수이다. 중요한 발표나 말을 준비할 때는 반복해서 연습하여 자연스럽게 말할 수 있도록 준비하자. 거울 앞에서 연습하거나, 친구나 가족 앞에서 발표해 보는 것도 좋은 방법이다.

스피치를 하면서 실수를 두려워하지 말자. 실수는 성장의 중요한 부분이며, 다음 번에 더 나아질 기회이다. '이번에 실수했지만, 다음엔 더 잘할 수 있어'라고 긍정적으로 생각하자.

스피치를 마친 후에는 친구나 멘토에게 피드백을 받아보자. 긍정적인 피드백은 자신감을 높여주며, 개선할 점은 다음 기회에 더 나은 스피치를 할 수 있도록 도와준다.

인성과 스피치를 통해 세상을 향해 나아가기

청소년들이 인성과 스피치를 통해 자신을 표현하는 능력을 갖추면, 이들은 세상에 자신을 당당히 드러내고, 올바른 선택을 할 수 있는 능력을 키우게 된다. 건강한 인성과 자신감 있는 스피치는 청소년들이 미래의 리더로 성장하는 데 큰 밑거름이 될 것이다.

자신이 가진 능력과 가치를 믿는 것이 가장 중요하다. '나는 가치 있는 존재야'라는 자기 확신을 통해 더 자신감 있게 행동하자.

좋은 인성을 바탕으로 사회적 책임을 다하는 태도를 기르자. 주변 사람을 돕고, 봉사하는 자세는 인성을 더욱 빛나게 해 줄 것이다.

스피치를 통해 타인에게 긍정적인 영향을 미칠 수 있는 리더가 되어보자. 자신의 생각을 명확하게 표현하고, 타인과 협력하는 법을 배워 미래의 리더로 성장할 수 있다.

청소년들이 인성을 강화하고 스피치 능력을 배양함으로써 자신감을 키우고, 미래에 더 나은 리더로 성장할 수 있다. 이를 통해 청소년들이 자신을 당당히 표현하고, 건강한 인간관계를 맺으며, 올바른 가치관을 형성할 수 있다.

02

청년의 성장과 비전

현대 청년의 사회적 배경

현대 청년들은 사회적, 경제적, 문화적 변화 속에서 여러 도전과 기회를 동시에 마주하고 있다. 그들의 경험은 과거 세대와는 다르게, 급격한 기술 발전과 세계화, 그리고 디지털화된 사회 속에서 형성되고 있다.

세계화는 더 많은 기회를 열어주었지만, 그만큼 경쟁도 치열해졌다. 각국의 경제가 상호 연결되어 있는 만큼, 한 나라의 경기 변동이 전 세계 청년들에게 영향을 미칠 수 있는 상황이다. 자동화와 인공지능(AI)의 발전으로 인해 전통적인 일자리의 수요는 감소하여, 과거보다 더 많은 기술을 습득해야 한다. 교육 수준이 높아지는 반면, 고용 안정성은 줄어드는 이중적인 상황에 처해 있다.

소득 양극화가 심화되면서 청년층은 자산 축적의 어려움을 겪고 있다. 집값 상승, 고액의 학자금 대출, 생활비 증가 등은 경제적으로 큰 부담을 주고 있으며, 이러한 상황은 청년들의 독립과 결혼, 가족 형성에까지 영향을 미친다.

그러다 보니 직업적 경로뿐만 아니라, 일과 삶의 균형을 추구하는 경향이 짙어졌다. 전통적인 '평생직장' 개념은 약화하였고, 대신 개인의 삶과 직업 사이의 균형, 자아실현을 중시한다. 많은 청년이 직업에서의 성공보다도 개인의 삶에서 의미를 찾으려는 것이다.

'워라밸'이 강조되면서, 젊은 세대는 장시간 노동보다는 자아실현과 여가를 더 중요하게 생각한다. 또한, 사회적 불평등과 환경 문제 등에 민감하며, 인종, 성별, 성적 지향, 장애 등에 관한 평등을 중시한다. 그들은 사회 정의 운동에 참여하거나, 공정성을 요구하는 목소리를 내며, 이를 통해 개인의 가치를 실현하고자 한다.

현대 청년들은 디지털 기술과 함께 성장한 디지털 세대이다. 소셜 미디어는 그들의 정체성 형성에 큰 영향을 미치고 있으며, 디지털 커뮤니티는 사회적 교류와 참여의 새로운 방식을 낳았다. 청년들은 자신의 삶을 온라인에서 시각적으로 공유하며, 타인의 피드백과 사회적 인정을 통해 자기 인식을 형성한다. 동시에 타인의 성공적 이미지와 자신을 비교하면서, 심리적 부담이나 불안감을 느끼기도 한다. 청년들은 디지털 공간에서 다양한 사회문제에 대해 논의하고, 집단행동을 계획하며, 영향력을 행사하고 있다. 소셜 미디어는 신속한 정보 공유와 연대를 가능하게 하며, 그들은 이를 통해 사회적 변화를 끌어내는 중요한 역할을 한다.

결과적으로 현대 청년들은 변화의 물결 속에서 경제적, 문화적, 그리고 디지털 환경의 영향을 받으며 자신들의 길을 찾고자 노력하고 있다. 이 과정에서 경제적 불안정과 문화적 유연성 사이에서 균형을 맞추고, 디지털 커뮤니티와 연결된 자기 정체성을 구축하며 새로운 사회적 역할을 수행하고 있다.

사회 참여의 중요성

사회 참여는 삶을 풍요롭게 하고, 사회의 발전과 변화를 끌어내는 핵심적인 역할을 한다. 봉사 활동, 활동가로서 해야 할 역할, 커뮤니티 참여 등은 단순히 개인적 성취를 넘어 공동체 전체 이익을 위해 이바지한다.

봉사 활동은 지역 사회의 문제를 해결하고 약자를 돕는 과정에서 사람 간의 유대감과 연대감을 형성한다. 예를 들어, 지역 사회에서의 노인 돌봄, 취약 계층의 주거 문제 해결 등 봉사 활동은 공동체의 구석구석을 살피고 배려하는 사회를 만드는 중요한 수단이다.

활동가로서의 역할은 사회적 문제에 대해 관심을 가지고 변화를 주도하는 과정에서 특히 중요하다. 환경운동, 인권운동, 성평등 운동 등 다양한 영역에서 불평등과 불공정한 현실을 직시하고 목소리를 내어 사회 변화를 촉진한다. 이는 다양한 이해관계자들이 문제를 인식하고 함께 해결책을 모색하는 데 큰 영향을 미친다.

커뮤니티 참여는 그 지역에 대한 소속감을 높이고, 공동의 목표를 설정하여 문제를 해결하는 데 중요한 역할을 한다. 지역 단체에 참여하거나 지역 문제 해결에 자발적으로 나서는 시민은 자신의 역량을 통해 사회 변화를 이끌 수 있다.

청년이 주도하는 사회 변화 사례는 국내외적으로 많다. 청년들은 새로운 시각과 에너지로 다양한 문제에 혁신적이고 실질적인 해법을 제시해 왔다. 국내 사례로는 대한민국에서 청년들이 주도한 촛불 혁명으로 정치적 변화를 이끈 것이다. 그들은 단순히 시위 참여자가 아닌 사회 변화를 이끄는 주체가 되었다.

국외 사례로는 2019년 스웨덴의 '그레타 툰베리(Greta Thunberg)를 들 수 있다. 기후 변화에 대한 경각심을 높이기 위해 청년이 기후 파업을 주도했다. 이 운동은 전 세계 청년들에게 확산하였으며, 청년들이 환경 문제에 대한 책임감을 느끼고 적극적으로 변화를 요구할 수 있음을 보여주었다. 툰베리의 행동은 정치 지도자들에게 기후 위기 대응을 요구하는 강력한 메시지를 전달했다.

이러한 사례들은 청년들이 단순히 미래의 사회 구성원이 아니라, 현재의 문제를 해결하는 중요한 주체임을 명확히 보여주는 것이다.

청년들이 자신을 사회 성장의 기여자로 인식하고, 이에 따라 책임감을 느끼는 것은 매우 중요한 과제이다. 이를 위해서는 다음과 같은 전략이 필요하다.

학교 및 교육기관에서는 청년들에게 단순한 지식 전달을 넘어, 자신의 역할과 책임을 깊이 있게 생각하도록 유도하는 프로그램을 마련해야 한다. 윤리적 문제, 사회적 불평등, 환경 문제에 관한 토론과 활동을 통해 청년들이 자신의 역할을 깨닫게 할 수 있다.

사회 변화에 이바지한 성공적인 청년들의 사례를 소개하고, 그들의 이야기를 통해 다른 청년들에게 영감을 주는 것이 중요하다. 그레타 툰베리, 말랄라 유사프자이 등 사회적 책임을 다하는 청년 리더들을 알리고, 그들의 활동을 학습함으로써 자신을 변화의 주체로 인식할 수 있다.

또한, 청년들이 자신이 기여할 구체적인 기회를 가져야 한다. 봉사활동, 지역 사회 프로젝트, 스타트업 창업 등을 통해 청년들이 실제로 문제 해결에 참여하며 성취감을 느낄 수 있도록 돕는 것이 필요하다.

청년들 자신이 사회의 일원으로서 중요한 역할을 할 수 있다는 인식을 하고, 이를 통해 사회적 책임감을 형성하게 된다면, 그들의 참여는 더욱 의미 있고 지속 가능한 사회 변화를 끌어낼 것이다.

현대 직장에서의 도전

현대 직장은 과거와 비교할 때 상당히 복잡하고 변화무쌍하다. 빠르게 변화하는 시장 환경 속에서 평생직장은 점점 줄어들고 있다. 계약직, 프리랜서, 혹은 프로젝트 기반의 고용이 늘어나며, 청년들은 이러한 불안정한 고용 시장에 적응해야 한다. 이를 극복하기 위해서는 다양한 스킬을 갖추고, 여러 분야에서 다재다능한 역량을 키우는 것이 중요하다. 팬데믹 이후, 원격 근무는 새로운 표준으로 자리 잡았다. 청년들은 자기관리 능력과 시간 관리를 통해 원격 근무 환경에서도 효율적으로 일할 수 있어야 한다. 또한, 원격 근무는 다양한 국가와 협력할 기회를 제공하기 때문에 글로벌 감각을 익히는 것 역시 필요하다.

기술의 빠른 발전으로 인해 새로운 기술에 대한 이해와 학습 능력이 중요한 역량으로 떠오르고 있다. 인공지능(AI), 데이터 분석, 블록체인 등 신기술의 등장에 민첩하게 대응하며 자기 계발을 지속해야 한다. 이를 위해 청년들은 끊임없이 배울 준비를 하고, 새로운 기술에 대한 개방적 태도를 유지해야 한다.

직장에서 성공하기 위해서는 기술적인 능력 외에도 소프트 스킬이 필수적이다. 원활한 커뮤니케이션 능력은 어떤 직종에서나 중요한 기본 역량이다. 청년들은 상대방의 의견을 경청하고 자신의 생각을 명확하게 전달하는 능력을 키워야 한다. 또한, 다양한 문화적 배경을 가진 사람들과 일하게 될 가능성이 높기 때문에, 타문화의 이해와 포용력도 중요하다. 빠르게 변화하는 직장 환경에서 적응력은 매우 중요한 스킬이다. 새로운 업무 방식이나 프로젝트에 대한 유연한 사고와 문제 해결 능력을 갖추어야 한다. 적응력이 높은 직원은 변화에 스트레스를 받기보다는 도전의 기회로 삼고, 자신의 능력을 더욱 발전시킬 수 있다.

감성 지능(EQ)은 동료들과의 관계를 원활하게 만들고, 직장 내 스트레스를 효과적으로 관리하는 데 중요하다. 자신의 감정을 인지하고 관리하는 능력뿐만 아니라, 타인의 감정을 공감하고 소통하는 능력도 현대 직장에서 높은 평가를 받는다. 이는 특히 리더십이나 팀 협업에서 큰 차이를 만들어낼 수 있다.

오늘날 직장에서는 다양한 세대가 함께 일하며, 그들 간의 차이를 이해하고 조화롭게 일하는 것이 중요하다. 각 세대는 다른 배경, 가치관, 업무 스타일을 가지고 있다. 베이비부머 세대는 안정성을 중시하고, 조직 내 위계질서를 중요하게 생각하는 반면, 밀레니엄 세대와 Z세대는 유연한 근무 시간, 일과 삶의 균형을 중요하게 여긴다. 세대 간의 차이를 이해하고 존중하는 것이 원활한 직장 관계를 구축하는 데 중요한 첫걸음이다. 세대 차이를 극복하고 협력적인 관계를 구축하기 위해서는 상호 존중과 열린 마음이 필수다. 청년들은 선배 세대의 경험과 지혜를 존중하고, 선배들은 젊은 세대의 혁신적이고 창의적인 접근 방식을 받아들이는 자세가 필요하다. 팀원 간의 원활한 소통과 피드백 문화를 조성하는 것도 갈등을 줄이고 협력적인 직장 문화를 만드는데 기여한다.

성공적인 경력 성장을 위해서는 고정된 사고방식 대신 성장 마인드 셋을 갖는 것이 중요하다. 업무에서 어려움을 겪더라도 이를 성장의 기회로 보는 긍정적인 사고방식이 필요하다. 청년들은 실수나 실패를 두려워하기보다는 이를 학습의 기회로 삼고, 지속적인 자기 계발을 추구해야 한다. 성장은 한순간에 이루어지지 않으며, 꾸준한 노력이 쌓여야 가능하다는 인식이 중요하다.

경력 성장은 수동적인 것 아니라, 능동적으로 기회를 찾고 자기 계발을 통해 이뤄질 수 있다. 새로운 기술을 배우거나, 업무와 관련된 네트워킹에 참여하며 스스로 경력 발전에 기여하는 태도를 유지해야 한다. 특히, 변화하는 산업 트렌드와 기술에 뒤처지지 않기 위해서는 끊임없이 학습하고 도전하는 자세가 필요하다.

성장 마인드 셋을 가진 사람은 피드백을 두려워하지 않고, 이를 개선의 기회로 여긴다. 직장 내 상사나 동료로부터 피드백을 받을 때, 이를 자신의 발전을 위한 도구로 활용하며 성장의 발판으로 삼는 것이 중요하다.

창업과 혁신

창업은 단순히 돈을 벌기 위한 수단을 넘어, 자신의 아이디어와 열정을 현실로 만들어가는 과성이다. 청년들에게 창업은 창의성을 발휘하고, 자신의 경력을 통제하며, 변화하는 시장 속에서 기회를 찾는 방법이다. 특히 디지털 기술과 플랫폼의 발전으로 인해 창업의 장벽이 낮아졌다. 많은 청년은 회사의 구조에 얽매지 않고 스스로 리더로 나설 기회를 창업에서 찾는다.

창업은 문제에 대해 혁신적 해결책을 찾는 과정에서 창의적 사고를 요구한다. 새로운 가치를 만들어내는 과정은, 호기심 많고 변화에 민첩하게 대응할 수 있는 청년들에게 매우 매력적이다. 창업은 스스로가 결정권자가 되어 자신의 경로를 개척할 기회다. 청년들은 고용의 불안정성에 의존하는 대신, 창업을 통해 자신의 경력을 주도적으로 설계할 수 있다.

사회적 문제를 해결하거나, 새로운 트랜드를 제시하며 시장에 긍정적인 변화를 일으키는 것 역시 창업의 중요한 매력이다. 청년들이 창업을 경력 옵션으로 수용하는 것은 경제적 독립뿐 아니라 더 큰 사회적 영향을 미칠 기회를 잡는 것이다.

성공적인 창업은 단순한 아이디어에서 끝나지 않고, 실질적인 계획과 실행이 뒷받침되어야 한다. 창업을 준비하는 청년들이 따라야 할 주요 단계는 다음과 같다.

1. 아이디어 구상: 창업의 첫 난세는 창의적이고 실행 가능한 아이디어를 찾는 것이다. 이는 시장의 문제점을 발견하거나, 기존 제품이나 서비스의 개선점을 도출하는 과정에서 시작될 수 있다. 아이디어가 정립되면, 이를 구체화하여 사업의 핵심 가치를 정의하는 것이 중요하다.

2. 시장 조사: 아이디어를 구상한 후에는 반드시 시장 조사가 필요하다. 경쟁사 분석, 소비자 수요, 트렌드 등을 파악함으로써 아이디어가 실제 시장에서 성공할 수 있을지 여부를 판단해야 한다. 이 과정에서 시장의 기회를 정확히 파악하고 타겟 고객을 정의하는 것이 중요하다.

3. 사업 계획 수립: 시장 조사가 끝나면 구체적인 사업 계획 (Business Plan)을 수립해야 한다. 사업 계획에는 제품 또는 서비스의 설명, 목표 시장, 마케팅 전략, 예산 계획, 운영 계획 등이 포함된다. 사업 계획은 투자자나 파트너에게 신뢰를 줄 수 있는 중요한 문서이다.

4. 자금 확보: 창업을 실현하려면 자금이 필요하다. 이를 위해 자본을 조달할 방법을 찾아야 한다. 청년 창업자들은 벤처 캐피탈(VC), 엔젤 투자자, 정부의 창업 지원 프로그램, 크라우드 펀딩 등을 통해 자금을 모을 수 있다. 이 과정에서 설득력 있는 피치와 투자자의 관심을 끌 수 있는 자료가 중요하다.

성공한 청년 창업가들의 이야기는 다른 청년들에게 영감을 준다. 어떻게 도전을 극복하고 새로운 시장을 개척했는지 살펴보면, 창업 과정에서 어떤 태도와 전략이 중요한지 알 수 있다. 이들의 공통점은 모두 혁신적 아이디어를 실행에 옮기고, 실패를 두려워하지 않으며, 지속해서 자신과 제품을 개선해 나갔다는 점이다.

인생 비전 지도 그리기

[인생 비전 지도란?]

인생 비전 지도는 개인의 가치, 목표, 그리고 꿈을 기반으로 인생의 방향을 설정하는 로드맵이다. 이 지도는 사람들이 자신이 추구하는 바가 무엇인지 명확하게 시각화할 수 있게 돕는다. 단순히 직업적 성공만을 위한 것이 아니라, 전반적인 삶의 만족도와 균형을 목표로 한다. 이는 개인이 어떤 삶을 살고 싶은지, 어떤 가치관을 바탕으로 그 목표를 달성할지에 대한 큰 그림을 그리며, 장기적인 비전과 더불어 구체적인 실행 계획을 포함한다.

[인생 비전 지도 그리기 단계]

인생 비전 지도를 그리는 과정은 개인의 삶을 되돌아보고, 미래를 구체적으로 설계할 수 있는 효과적인 방법이다. 자신의 미래를 시각화하고 목표를 세우는 실질적인 단계는 다음과 같다.

먼저, 무엇이 자신에게 중요한지 파악하는 것이 필요하다. 가족, 인간관계, 성취, 건강, 사회적 기여 등 삶의 다양한 측면에서 어떤 가치를 가장 중요하게 생각하는지를 명확히 해야 한다. 자신이 진정으로 중요하게 여기는 가치를 발견하면, 목표 설정에서 그 가치가 중심이 되어야 한다.

그다음은 5년, 10년 후에 자신이 어떤 모습이 되고 싶은지 상상해 보는 단계이다. 이 과정에서 자신이 이루고 싶은 일, 배우고 싶은 것, 경험하고 싶은 것 등을 구체화한다. 장기적인 꿈과 목표를 명확히 설정하면, 그것을 달성하기 위한 중·단기 목표를 설정하는 것이 쉬워진다.

장기 목표를 달성하기 위한 구체적인 중·단기 목표를 설정해야 한다. 예를 들어, 창업이 장기 목표라면 필요한 기술 습득, 시장 조사, 자금 확보 등의 중간 단계를 설정할 수 있다. 그다음으로는 중단기 목표를 기반으로 실행 계획을 수립한다. 여기에는 구체적인 액션 아이템, 타임라인, 자원 등이 포함된다. 예를 들어, 6개월 안에 어떤 스킬을 습득할 것인지, 그에 필요한 자원을 어떻게 확보할 것인지, 그리고 그 결과를 어떻게 평가할 것인지에 대한 명확한 계획을 세워야 한다.

인생 비전 지도는 고정된 것이 아니라, 상황에 맞게 조정이 필요하다. 청년들은 새로운 경험이나 도전을 통해 목표가 바뀔 수 있다는 점을 인식해야 하며, 필요할 때마다 계획을 수정하고 새로운 목표를 설정할 수 있는 유연성을 유지해야 한다.

[장애물 극복하기]

인생 비전 지도를 그리는 과정에서는 필연적으로 도전과 장애물이 발생할 수 있다. 이 과정은 자연스럽게 회복력, 문제 해결 능력, 그리고 끈기를 가르치는 기회가 된다.

목표를 향해 나아가는 동안 예상치 못한 장애물이 나타날 수 있다. 그럴 때 포기하지 않고, 실패나 좌절에서 빠르게 회복하는 것이 중요하다. 회복력은 장애물을 기회로 변환시키는 능력이며,

청년들이 실패를 성장의 과정으로 받아들일 수 있게 돕는 중요한 요소이다. 목표를 달성하기 위해서는 종종 어려운 문제를 해결해야 한다. 이를 위해 창의적이고 논리적인 사고를 통해 문제를 분석하고, 실행 가능한 해결책을 찾는 능력을 기를 필요가 있다. 문제를 해결해 나가는 과정에서 청년들은 자신감과 역량을 키울 수 있다.

장기 목표를 이루는 데는 시간이 걸리며, 때로는 예상보다 더디게 진행될 수 있다. 끈기와 인내심을 유지하면서 지속해서 노력하는 것이 중요하다. 비전 지도는 청년들에게 인내하는 법을 가르치며, 결국 목표를 이루기까지 꾸준히 나아가는 힘을 제공한다.

[사회 기여와 직업적 포부 통합하기]

현대 사회에서 많은 청년은 자신의 직업적 목표와 개인적 가치를 사회적 필요와 조화롭게 통합하는 것을 중요하게 생각한다. 단순히 개인의 성공에 그치지 않고, 사회적 책임을 다하며 더 큰 목표를 추구하는 것이 창업이나 직업 선택에서 중요한 요인이 되고 있다.

청년들은 자신의 경력과 사회적 기여를 균형 있게 추구할 수 있다. 예를 들어, 기술 분야에서 일하면서도 환경 문제 해결에 기여할 수 있는 방법을 찾거나, 사회적 기업을 창업해 경제적 성공과 사회적 기여를 동시에 이룰 수 있다. 이런 방식으로 개인의 직업적 포부와 사회적 책임을 조화롭게 할 수 있다.

인생 비전 지도는 청년들이 자신의 꿈을 시각화하고, 이를 실현하기 위한 구체적인 계획을 세우는 데 도움을 주는 도구이다. 이 과정을 통해 자신에게 중요한 가치를 인식하고, 장애물을 극복하는 힘을 기르며, 개인적 성장과 변화 성공과 사회적 기여를 조화롭게 연결할 수 있다.

청년의 성장과 비전은 CS 매너를 통해서 더 성숙하게 이룰 수 있다. 사회에 기여하고, 직장에서 적응하며, 창업을 시도하는 청년들이 서비스 마인드를 통해 더 나은 커뮤니케이션과 상호 협력을 이루어낼 수 있다. 이는 개인의 성공뿐만 아니라 사회적 기여를 확대하는 핵심 요소로 작용한다.

청년들이 디지털 커뮤니티에서 다른 사람들과 상호작용할 때도 매너와 배려가 필수적이다. 특히, 온라인 커뮤니케이션에서도 상대방에 대한 존중과 예의가 사회적 기여의 중요한 요소가 될 수 있다.

청년들이 사회적 책임감을 형성하고 커뮤니티에 기여할 때, 서비스 매너가 필수적이다. 봉사활동이나 사회 운동을 할 때도 친절함, 상호 존중, 효율적인 커뮤니케이션이 중요한데, 이는 CS 매너의 핵심이다. 다른 사람들과의 협력 과정에서 예의 바르고 적극적인 태도가 청년들의 사회적 기여를 더욱 의미 있게 만든다.

직장에서의 커뮤니케이션 능력, 감성 지능, 적응력은 모두 서비스 매너와 밀접하게 연관되어 있다. 고객을 대하는 태도뿐만 아니라 동료와의 상호작용에서 친절함, 존중, 배려를 바탕으로 하는 행동이 직장 적응과 성공의 필수 요소다.

청년들이 창업할 때, 성공적인 기업 운영의 핵심은 고객과의 신뢰와 서비스 매너이다. 고객의 니즈를 이해하고, 그들에게 예의 바르고 적극적으로 대응하는 것이 창업의 성공적인 기초가 될 수 있다. 창의적 사고와 혁신을 서비스 중심의 마인드와 결합하는 것이 성공적인 비즈니스의 중요한 요소다.

인생 비전 지도에서 청년들이 서비스 마인드를 자신들의 목표에 반영할 수 있도록 돕는다. 청년들이 사회적 기여와 직업적 목표를 통합할 때, 다른 사람을 돕고 존중하는 태도가 자신들의 성공뿐만 아니라 더 큰 사회적 가치를 창출할 수 있음을 강조한다. 이는 서비스 매너를 중심으로 한 인생 목표 설정의 좋은 사례가 될 수 있다.

멘토십과 네트워킹에서 서비스 매너가 중요하다. 성공적인 네트워킹은 단순한 자기 이익 추구가 아닌, 상대방을 배려하고 존중하는 서비스 마인드에서 시작한다. 멘토십 관계에서도 마찬가지로, 존중과 배려가 성공적인 관계 형성의 기초가 된다.

사회에 기여하고 성공적인 경력을 쌓기 위해서는 타인을 존중하고 배려하는 자세가 필수적이며, 이는 CS 매너의 핵심이다.

경력 단절 여성의
새로운 도전
-용기와 자신감으로 미래를 개척하기

출산과 육아로 인해 많은 여성이 직업을 그만두거나 경력이 중단되는 상황은 흔하다. 이러한 경력 단절은 여성들에게 경제적 불안, 자신감 저하, 사회적 고립감을 유발하며, 개인적 성취에 대한 회의를 느끼게 한다. 단절된 시간을 어떻게 활용할 것인지, 어떤 식으로 사회에 재진입할 것인지는 많은 여성이 고민하는 주제이다. 이는 또한 출생률 저하로 이어져 심각한 사회문제로 대두되고 있다. 출산 후 사회로 복귀하는 것은 개인의 자아실현과 경제적 자립을 위해 매우 중요하다. 이는 단순히 돈을 버는 문제를 넘어서 자신의 능력을 재발견하고, 삶에서 의미를 찾는 중요한 과정이다. 이 과정에서 여성들은 스스로의 가치를 새롭게 정의하고, 세상에 긍정적인 변화를 만들 수 있다.

경력 단절 이후 여성들의 도전

경력 단절은 여성들에게 여러 면에서 깊은 영향을 미친다. 우선, 경제적으로는 수입이 끊기며, 이는 가정 내에서 경제적 의존이 증가하는 결과를 낳는다. 특히, 자신의 경제적 자립을 유지하는 것이 중요한 여성들에게 경제적인 문제가 된다. 또한, 경력 단절로 인해 발생하는 사회적 고립은 여성의 자존감에 큰 타격을 준다. 출산과 육아로 인해 직장을 떠나는 동안 동료들이 계속해서 경력을 쌓고 있는 것을 지켜보며 자신이 뒤처지고 있다는 생각에 불안을 느낀다. 특히, 빠르게 변화하는 산업 환경에서 자신의 역량이 시대에 뒤처진다고 느낄 때, 자신감은 급격히 하락한다. 경력 단절 여성에 대한 사회적 인식은 여전히 개선되지 않고 있다. 경력 단절은 여성의 능력이나 의지의 문제로 여겨지는 경우가 많으며, 이는 편견을 강화한다. 많은 기업은 경력 단절 여성에 대해 선입견을 품고 있으며, 이러한 사회적 인식은 여성들이 다시 취업 시장으로 나가는 것을 어렵게 만든다.

이러한 편견을 극복하기 위해서는 여성 스스로가 자신의 경력 단절을 부정적으로 여기기보다는 이를 통해 얻은 새로운 역량을 강조할 필요가 있다. 예를 들어, 육아 경험을 통해 얻은 문제 해결 능력, 다중 작업 관리 능력, 감정적 인내심 등이 새로운 직장에서 긍정적으로 작용할 수 있음을 자신 있게 드러내야 한다. 또한, 다양한 사회적 네트워크와 지지 기반을 통해 이러한 사회적 인식을 개선하려는 노력이 필요하다.

경력 단절로 인해 많은 여성이 자신감을 잃는다. '내가 다시 일할 수 있을까?'라는 의문이 생기며, 자신의 능력에 대한 회의감이 깊어진다. 특히 육아와 가사로 인해 직장 내에서의 성취 경험이 사라지면, 이전에 일에서 느꼈던 자신감을 되찾는 것이 더욱 어렵게 느껴질 수 있다. 하지만 자신감은 회복될 수 있다. 우선, 자신의 경력을 되돌아보는 시간을 가져보자. 과거의 성취와 성공을 기억하며, 그때의 자신감을 다시금 되찾는 것이 첫걸음이다. 또한, 작은 성취부터 다시 시작하는 것이 좋다. 새로운 기술을 배워서 이를 활용하거나, 단기적인 프로젝트에 도전해 성취감을 느끼는 경험을 통해 조금씩 자신감을 쌓아가는 것이 효과적이다.

다시 도전하는 용기

용기는 두려움을 마주하고, 그럼에도 불구하고 앞으로 나아가는 힘이다. 경력 단절 후 다시 일어나기 위한 도전은 당연히 두려운 과정이다. 익숙하지 않은 상황에서 다시 처음부터 시작해야 하는 부담감, 그로 인한 실패에 대한 두려움이 생길 수 있다. 하지만 이러한 두려움을 용기로 이겨내는 것이 바로 성공의 첫걸음이다.

다시 도전하기 위한 첫걸음은 현실적인 작은 목표를 설정하는 것에서 시작된다. 예를 들어, 새로운 기술을 배우거나, 자격증을 준비하는 것처럼 작은 성공을 통해 성취감을 느끼는 것이 중요하다. 이 작은 성취들이 모여 더 큰 도전을 감당할 수 있는 용기가 된다. 자신이 설정한 목표를 하나씩 달성할 때마다 느끼는 성취감은 다시 도전할 힘을 준다.

도전에는 항상 실패가 따를 수 있다. 특히 새로운 시작을 할 때 실패는 자연스러운 과정이다. 경력 단절 후 다시 일터로 복귀할 때 처음부터 모든 것이 순조롭게 풀리지는 않는다. 하지만 실패는 배움의 기회라는 점을 기억해야 한다. 실패에서 배운 교훈은 이후 성공의 밑거름이 될 수 있으며, 이를 통해 성장할 수 있다.

자신감 회복을 위한 실질적인 방법

자신감을 회복하기 위한 가장 확실한 방법의 하나는 새로운 지식과 기술을 배우는 것이다. 특히 변화하는 산업 트렌드에 맞춰 자신을 발전시키는 것이 중요하다. 예를 들어, 온라인 학습 플랫폼을 통해 새로운 기술을 습득하거나, 관련된 자격증을 취득하는 등의 구체적인 방법으로 자기 계발을 할 수 있다. 이를 통해 시장에서의 경쟁력을 높이는 것뿐만 아니라, 스스로에게 성취감을 줄수 있다.

경력 단절 여성끼리 모여 경험을 공유하고 서로의 도전을 지지하는 네트워킹은 중요한 역할을 한다. 이들과의 교류를 통해 혼자가 아니라는 사실을 깨닫고, 서로에게 힘을 실어줄 수 있다. 또한멘토링을 통해 자신보다 앞서 같은 길을 걸었던 사람들의 조언을들으면, 불안과 걱정을 줄이고 더 나아가 자신감을 얻을 수 있다.

과거의 경험과 성취를 되돌아보고, 그때의 자신이 얼마나 강하고 유능했는지를 다시 상기하는 것이 중요하다. 경력 단절 이전에쌓아온 경력과 능력은 여전히 자신의 일부이며, 이를 자신 있게인정하는 것이 자신감을 회복하는 중요한 시작점이다. 자기 신뢰는 꾸준한 자기 인식과 긍정적인 자기 대화를 통해 쌓인다.

재취업을 위한 준비

경력 단절 후 재취업을 시도하는 여성들은 과거와 달라진 취업시장의 변화를 이해해야 한다. 기술의 빠른 발전, 새로운 산업의부상, 그리고 직업에 대한 요구사항이 변하면서 예전 방식의 일자리를 찾는 것은 더는 유효하지 않을 수 있다. 이러한 변화된 시장에서 요구되는 기술과 역량을 분석하고, 이를 준비하는 과정이 필요하다.

이를 위해 먼저 관심 있는 산업의 최신 동향과 요구 기술을 파악하는 것이 중요하다. 취업 관련 플랫폼을 활용해 관련된 구인 공고를 분석하거나, 전문가의 조언을 듣는 것도 좋은 방법이다. 또한, 재취업을 위해서는 디지털 역량, 데이터 분석, 그리고 소프트 스킬 등이 점점 중요해지고 있어서 이러한 부분에서 자신의 능력을 계발하는 것이 필요하다.

경력 단절이 있더라도 자신감 있게 자기소개서와 면접에 임해야 한다. 자기소개서를 작성할 때 경력 단절 기간을 부끄러워하기보다는 그동안 배웠던 새로운 역량이나 경험을 강조한다. 예를 들어, 육아 경험을 통해 얻은 다중 작업 처리 능력, 시간 관리 기술, 문제 해결 능력 등을 구체적으로 표현할 수 있다.

그동안 어떻게 자기 계발을 했는지, 그리고 현재 얼마나 준비가 되어 있는지를 보여주는 것이 좋다. 면접에서 중요한 것은 자신감이다. 자신의 강점을 명확하게 표현하고, 회사에 어떤 가치를 더할 수 있는지를 설명함으로써 면접관들에게 긍정적인 인상을 줄 수 있다.

경력 단절 후 재취업을 준비하는 여성들은 꼭 기존의 풀타임 직장으로 복귀하지 않아도 된다. 다양한 형태의 일자리가 존재하며, 특히 창업이나 프리랜서, 재택근무 등 다양한 경로가 가능하다. 창업의 경우, 자신의 특기나 취미를 사업으로 발전시키는 기회를 탐색할 수 있으며, 프리랜서는 자신의 기술을 바탕으로 유연한 근무 환경을 조성할 수 있다. 또한, 최근에는 플랫폼을 통해 온라인 강사나 컨설턴트로 활동하는 예도 많아졌다. 자신의 역량을 온라인에서 발휘할 방법들을 모색해 보고, 새로운 일자리 옵션을 탐색하는 것도 좋은 도전이 될 수 있다.

일과 가정의 균형 찾기

다시 일을 시작하는 여성들에게 가장 큰 도전 중 하나는 가정과 직업을 어떻게 균형 있게 유지할 것인가이다. 특히 육아와 가사를 함께 해야 하는 여성들은 시간이 제한적이기 때문에, 효과적인 시간 관리가 매우 필요하다. 일을 재개하면서도 가정생활에서의 책임을 소홀히 하지 않기 위해서는 일정 관리와 우선순위 설정이 필수이다.

이를 위해 일과 가정 사이에서 균형을 잡는 몇 가지 팁을 제시하겠다. 예를 들어, 중요한 업무는 가족과 협의한 시간대에 집중적으로 처리하고, 가정 내에서의 역할 분담을 명확히 하여 부담을 줄이는 것이다. 또한, 긴급 상황을 대비해 유연한 스케줄을 설정하고, 가능한 한 자주 재충전할 수 있는 시간을 확보하는 것이 필요하다.

　일과 가사를 병행하기 위해서는 배우자나 가족의 이해와 지지가 필수적이다. 일하는 여성의 역할뿐만 아니라, 가정 내에서의 역할을 수행하는 데는 파트너와의 협력과 상호 존중이 있어야 한다. 특히 육아를 함께하는 과정에서 부부가 함께 자녀를 돌보며 가사를 분담하는 것은 여성들이 일을 지속할 수 있는 큰 원동력이 된다.

　가족에게 자신의 직업적 목표와 필요성을 충분히 설명하고, 그에 따른 협력 방안을 논의하는 것이 좋다. 이를 통해 가족의 이해와 지지를 얻고, 더욱 효율적으로 일을 할 수 있는 환경을 조성할 수 있다. 또한, 이러한 협력 속에서 일과 가정을 모두 성공적으로 관리할 수 있는 균형을 찾을 수 있다.

　일과 육아를 병행하는 과정에서 자신의 건강과 행복을 돌보아야 한다. 종종 여성들은 가정과 직장에서의 책임감을 지나치게 느끼며, 자신의 휴식과 재충전을 소홀히 할 수 있다. 하지만 자기 돌봄을 소홀히 하면 결국 번아웃에 이를 수 있으며, 이는 일과 가정 모두에 부정적인 영향을 미친다.

　따라서 일정한 시간은 자신을 위한 휴식 시간으로 설정하고, 정기적으로 운동이나 취미 활동을 통해 스트레스를 해소해야 한다. 또한, 마음의 건강을 유지하기 위해 명상이나 산책 등 자신의 감정을 정리할 수 있는 시간을 가지는 것도 도움이 된다. 자신을 잘 돌보는 것이 결국 더 나은 엄마, 아내, 그리고 직장인이 되는 길이다.

성공적인 재도약을 위한 지속적인 동기부여

작은 성취감이라도 느끼는 것이 장기적인 목표를 이루는 데 필수적이다. 다시 사회에 복귀하는 과정에서 처음에는 아주 작은 성과라도 이를 축하하고, 자신에게 긍정적인 피드백을 주는 것이다. 예를 들어, 작은 자격증을 획득하거나, 새로운 프로젝트를 성공적으로 마무리했을 때 이를 기쁘게 받아들이고, 자신을 칭찬하는 습관을 지니면 좋은 동기부여가 된다. 이러한 성취감은 자신의 성장을 확인하는 과정이며, 더 큰 목표로 나아갈 수 있는 기반이 된다.

경력 단절 후 재취업을 하거나 새로운 도전을 시작한 후에도 계속해서 성장해 나가야 한다. 변화하는 사회와 경제 상황에 맞춰 계속해서 배우고, 성장하려는 자세를 유지해야 한다. 끊임없이 새로운 것을 배우려는 마음가짐은 성장의 지속성을 보장하며, 더 넓은 기회를 발견하게 해준다.

기술적인 발전이나 트렌드를 꾸준히 학습하고, 자신의 분야에서 전문가로 자리매김할 수 있도록 자기 계발에 투자하는 것이 중요하다. 교육이나 워크숍, 또는 네트워킹 이벤트에 참여해 끊임없이 새로운 인사이트를 얻고, 이를 실무에 적용하는 것이 성장의 중요한 열쇠다.

마지막으로, 경력 단절 이후의 재도약 과정에서 긍정적인 사고를 유지해야 한다. 모든 도전에는 어려움이 따르기 마련이지만, 이를 극복할 수 있다는 믿음을 가지고 지속적인 도전을 이어가는 자세가 필요하다. 긍정적인 마인드셋은 자신의 한계를 넘어서게 하고, 역경 속에서도 포기하지 않고 앞으로 나아가는 힘을 준다.

긍정적인 사고는 단지 희망적인 미래를 상상하는 것에 그치지 않고, 현실의 문제를 직시하면서도 그 문제를 해결할 수 있다는 자신감을 가지는 데서 비롯된다. 어려운 상황이 닥쳤을 때, 이를 기회로 삼고 성장할 수 있는 발판으로 삼아야 한다. 이는 결국 성공적인 재도약을 이루기 위한 강력한 원동력이 될 것이다.

경력 단절이 끝이 아닌 새로운 도약의 기회임을 보여주는 것이다.

경력단절 여성과
CS 매너

자신감 회복과 CS 매너의 중요성

경력 단절 여성들이 사회로 복귀할 때, 가장 먼저 마주하는 것은 자신감의 결여이다. 그러나 CS 매너 교육을 통해 고객과의 소통 및 대처 능력을 향상 시키면, 이는 곧 자신의 일상적 대인관계에서도 자신감으로 이어진다. 특히, 고객 응대 매너는 다른 사람들에게 좋은 인상을 주고, 자신에 대한 신뢰감을 형성하는 데 중요한 역할을 한다.

재취업 준비 과정에서의 CS 매너

재취업을 준비할 때 면접 과정에서 좋은 첫인상을 남기는 것이 매우 중요하다. CS 매너 교육은 단순히 고객 서비스에 국한되지 않고, 인터뷰 시 면접관과의 소통, 비언어적 표현(자세, 표정, 눈 맞춤 등)에서도 강력한 도구가 된다. 이런 매너가 잘 갖춰지면 면 접관에게 긍정적인 인상을 주고, 경쟁에서 우위를 점할 수 있다.

창업 및 고객 서비스에서의 매너

경력 단절 후 창업을 준비하거나 프리랜서로 활동할 경우, 고 객과의 관계 형성이 중요하다. CS 매너는 고객과의 신뢰를 쌓고, 장기적인 비즈니스 관계를 유지하는 데 핵심 요소다. 특히 고객의 요구를 경청하고, 그에 맞는 서비스를 제공하며, 문제 발생 시 적 절하게 대처하는 능력은 성공적인 창업과 비즈니스 운영의 중요 한 기반이 된다.

소통 능력 향상과 CS 매너

경력 단절 여성들이 다시 일터로 나가거나 창업을 하게 되면, 다양한 사람들과 소통할 일이 많다. 이때 CS 매너는 효과적인 의 사소통을 가능하게 하고, 갈등 상황에서도 차분하게 대처할 수 있 는 능력을 길러준다. 이는 고객과의 관계뿐 아니라, 동료와의 관계, 상사와의 소통에서도 중요한 역할을 하며, 직장생활에서도 긍정적인 영향을 미친다.

CS 매너를 통한 자신만의 브랜드 구축

경력 단절 여성들이 직장에 다시 들어가거나 창업할 때, CS 매너를 바탕으로 자신만의 브랜드를 구축할 수 있다. 고객에게 좋은 서비스를 제공하고, 매너를 통해 신뢰를 쌓는 것은 곧 자신의 이미지와 가치를 높이는 방법이다. 이를 통해 개인적인 브랜드를 확립하고, 장기적으로 안정적인 경력을 쌓는 데 도움이 된다.

결론적으로, 경력 단절 여성들이 사회로 복귀하는 과정에서 CS 매너는 자신감을 회복하고, 재취업 및 창업에서 성공하기 위한 중요한 도구가 될 수 있다. CS 매너 교육을 통해 고객과의 관계 형성, 소통 능력 향상, 자기 브랜드 구축 등 다양한 면에서 성장할 수 있는 것이다.

중장년 인생, 힘과 열정으로 미래를 향해 나아가기

인생의 중반기는 많은 사람이 새로운 도전에 직면하는 시기이다. 사회적, 가정적 역할이 변화하면서 개인적인 성장의 기회와 함께 책임감이 증대한다. 중장년층은 이미 풍부한 경험과 지혜를 바탕으로 가정과 사회에 기여할 수 있는 중요한 시점에 있다. 이러한 인생의 중반기는 단순한 나이 듦이 아닌, 새로운 도약의 시기로 삼을 수 있다.

중장년층이 적극적으로 사회에 기여하고, 가정 내에서 중요한 역할을 지속하며, 개인적 성장을 도모하는 것은 공동체의 발전에 큰 영향을 미친다. 가정과 직장, 사회에서 이들이 발휘할 수 있는 리더십은 세대 간의 연결고리가 되어 젊은 세대에게도 긍정적인 영향을 미칠 수 있다. 또한, 중장년기에는 자신의 미래 비전을 재정립하고, 새로운 열정과 목표를 찾아 나가는 것이 개인적 만족도와 삶의 질을 향상하는 중요한 요소이다.

중장년기에 접어들면서 직장에서의 역할이 변하거나 사회적 위치가 바뀔 수 있다. 많은 사람은 조직에서의 중추적인 역할을 맡아 리더십을 발휘하거나, 퇴직 후에도 사회 활동을 지속하려고 한다. 이러한 변화를 긍정적으로 받아들이고, 새로운 역할을 모색하는 것이 중요하다. 특히, 경력의 전환을 고려하는 시기일 수 있으며, 이를 통해 개인의 능력을 새롭게 발휘할 기회를 찾을 수 있다.

중장년층은 사회에 중요한 기여를 지속할 수 있는 시기이다. 이들은 젊은 세대에게 멘토링을 제공하거나, 봉사활동을 통해 커뮤니티에 참여함으로써 리더십을 발휘할 수 있다. 이러한 역할은 개인적인 성취감을 증대시킬 뿐만 아니라, 사회 전체에 긍정적인 변화를 끌어낼 수 있다.

인생의 절반을 살아온 중장년 시기에는 자신의 가치와 역할을 재평가할 필요가 있다. 이 시점에서 자신이 무엇을 중요하게 생각하는지, 어떤 사회적 역할을 하고 싶은지를 다시 고민하는 것은 인생 후반기를 준비하는 데 중요한 과정이다.

가정 내에서 중요한 리더십을 발휘할 수 있는 위치에 있다. 부모로서 자녀의 인생을 지원하고, 배우자로서 서로의 동반자가 되어 앞으로의 인생을 함께 설계하는 시기다. 더 나아가 조부모로서

손자, 손녀에게 긍정적인 영향을 미칠 수 있는 시기이기도 하다. 자녀와 손자, 손녀 세대와의 관계는 세대 간의 소통을 통해 더욱 강화될 수 있다. 이때 서로의 차이를 이해하고, 열린 마음으로 소통하는 것이 중요하다. 자녀 세대와는 경험과 지혜를 나누고, 손자 세대에게는 새로운 세상을 소개받음으로써 서로에게 배울 수 있다.

중장년기에는 배우자와의 관계에 새로운 의미를 부여하는 것이 중요하다. 인생의 중반기에 접어들어 자녀가 독립하거나, 가정의 중심이 변화하는 상황에서 배우자와 서로의 미래를 응원하고 함께 그려나가는 것이 건강한 관계 유지에 도움이 된다.

건강 관리가 더욱 중요한 시기이다. 규칙적인 운동과 건강한 식습관을 통해 신체 건강을 유지하고, 스트레스 관리와 명상 등을 통해 정신 건강을 지킬 수 있다. 이를 통해 중장년층은 더 활기찬 일상을 영위할 수 있다. 에너지를 재충전해야 하며, 명상, 취미 생활, 여행 등을 통해 일상의 피로를 덜어내고 새로운 활력을 찾는 것이 중요하다. 특히, 자신이 좋아하는 활동에 시간을 투자하는 것이 에너지를 유지하는 데 큰 도움이 된다.

변화에 유연하게 대응할 수 있는 능력은 중장년기의 중요한 덕목이다. 새로운 도전에 대한 개방적인 태도를 유지하고, 끊임없이 변화하는 세상에 적응하는 것이 중장년층의 성장을 지속해서 도와준다.

중장년기에는 새로운 목표를 설정하고 열정을 불러일으킬 수 있는 시기이다. 취미, 봉사활동, 학문적 도전 등 다양한 분야에서 새로운 목표를 세우고 이를 실천하는 것이 삶의 활력소가 된다. 평생 학습은 매우 중요하다. 새로운 기술을 배우고, 기존의 역량을 발전시키는 것은 개인적인 성장뿐만 아니라 직업적인 기회를 넓히는 데에도 기여한다. 자신의 경험과 지식을 바탕으로 사회에 기여하고, 이를 통해 자아를 실현하는 것은 중장년층에게 큰 성취감을 준다. 특히, 봉사활동이나 멘토링을 통해 젊은 세대에게 도움을 줄 기회는 개인적인 만족과 사회적 공헌을 동시에 충족시킨다.

중장년기는 인생 후반기를 준비하는 중요한 시기다. 미래를 시각화하고, 구체적인 목표를 설정하며 이를 위한 계획을 세우는 과정이 필요하다. 특히, 경제적 준비와 건강 관리 등 실질적인 계획이 중요하다.

미래는 불확실하지만, 중장년층은 이러한 불확실성에 대비하는 지혜를 키워야 한다. 재정 계획을 세우고, 건강을 유지하며, 가족과의 관계를 돈독히 하는 것은 안정적인 미래를 준비하는 데 큰 도움이 된다.

중장년기는 끝이 아닌 새로운 시작이다. 희망과 낙관적인 시각을 가지고 인생 후반기를 보다 긍정적으로 바라보며, 미래에 대한 두려움을 극복하고 자신감을 키워나가는 것이 중요하다.

이 시기는 인생의 또 다른 도약점이다. 이 시기를 통해 자신에게 맞는 새로운 목표를 설정하고, 건강한 삶과 사회적 기여를 통해 미래를 향해 나아가는 것은 의미 있는 여정이다. 인생 중반기의 도전과 기회를 긍정적으로 받아들이고, 힘과 열정으로 자신의 미래를 설계하는 자세가 중요하다.

CS 매너와 만학도의
도전과 용기

우리나라의 시대적 배경 속에서 많은 이들이 어린 시절 경제적 어려움으로 학업을 이어가지 못하고, 대신 자녀들의 성공을 위해 헌신하며 자신은 뒤로 미루는 경우가 많았다. 나이가 들면서도 배우고자 하는 열망을 버리지 않고, 자녀들의 지원과 자신의 용기로 다시 학업에 도전하는 만학도의 이야기는 감동과 교훈을 준다.

이들은 학력 부족으로 인해 사회 진출 시 겪는 어려움, 특히 이력서 작성에서의 망설임과 좌절감이 컸다. 자신보다 학력이 높은 사람들과의 비교 속에서 움츠러들게 했다. 여기서는 1950~70년대의 우리나라에서는 많은 이들이 학업을 포기해야 했던 시대적 상황을 다루고, 당시 부모들이 자녀를 위한 희생을 삶의 목표로 삼았다.

자녀를 위해 헌신한 부모들

많은 부모는 자녀의 성공을 위해 평생을 헌신한다. 특히 교육을 위해서라면 자신을 희생하며 모든 자원을 투자하고, 자신의 욕구나 꿈을 뒤로 미루는 경우가 많다. 아이들이 더 나은 교육과 환경을 제공받도록 열심히 일하고, 그들의 미래를 위해 끝없는 희생을 감내한다.

이러한 과정에서 부모들은 자녀가 성장하고 독립하게 되면 커다란 공허함을 느끼기도 한다. 그동안의 노력과 희생이 자녀의 성공으로 결실을 맺을 때, 부모는 더없이 기쁘지만 동시에 자신에게 남겨진 시간이 무엇인지 고민하게 된다. '내 삶은 무엇이었는가?'라는 질문과 함께, 자신의 꿈과 목표를 뒤늦게나마 돌아보게 되는 시기이기도 하다.

이 과정에서 부모들은 공허함과 학문에 대한 갈증을 느끼기 시작한다. 자녀들의 성공을 위해 전념하다 보니 자신을 돌아볼 시간이 부족했고, 이제는 자신이 남은 인생에서 무엇을 할 수 있을지에 대해 새로운 고민이 생겨난다. 학문에 대한 갈망, 그동안 미뤄두었던 개인적인 꿈을 다시 이뤄보고 싶은 열망이 커진다.

자녀들의 성공은 부모의 희생 덕분이었기에, 이제 자녀들은 자신들의 기회를 부모에게 되돌려 주고자 한다. 한평생 자신들을 위해 애써온 부모가 자신을 위한 배움을 이어가도록 돕는 것이 자녀들의 새로운 역할이 되는 것이다.

몇몇 감동적인 이야기들이 있다. 자녀들이 부모의 학비를 지원하고, 늦은 나이에 다시 학교로 돌아가는 부모를 자랑스럽게 여기는 가족들이나 혹은 부모가 오랫동안 꿈꿔왔던 학문적 성취나 새로운 기술을 배우는 것을 위해 자녀들이 함께 격려하고 지원하는 모습들이 그렇다. 이는 단순한 배움의 과정이 아니라, 세대 간의 연대를 나타내는 상징적 이야기이다.

어떤 부모는 자녀들의 격려로 대학 강의실에 다시 앉게 되었고, 어떤 부모는 자신의 직업적 역량을 다시 키워나가기 위해 기술을 배우기 시작한다. 자녀의 성공을 이끈 부모가 이제는 자녀의 지원을 받아 새로운 도전의 기회를 얻는 모습은 부모와 자녀 모두에게 새로운 삶의 의미를 부여해 준다. 이들은 더 이상 자신을 희생하는 존재로만 머물지 않고, 배움과 성장을 통해 삶의 새로운 장을 열어가는 모습을 보여준다.

단순한 가족 간의 지원을 넘어서, 삶의 후반기에도 배움과 도전은 끝나지 않는다는 중요한 메시지를 전한다. 자녀를 위해 헌신했던 시간이 이제는 부모 자신을 위한 시간이 될 수 있도록, 그들의 배움을 지지하고 응원하는 자녀들의 모습은 부모에게 큰 위안과 힘이 된다.

CS 매너와 만학도의 도전 연결

1. CS 매너의 기본 원칙

CS(Customer Service) 매너는 기본적으로 타인에 대한 존중과 배려에서 시작된다. 만학도들이 학문을 다시 시작하면서 배우는 첫 번째 교훈 중 하나로 바로 이러한 소통과 타인에 대한 배려이다. 오랜 시간 사회에서 다양한 경험을 쌓아온 만학도들은 그 경험을 바탕으로 타인과의 소통을 더 잘할 수 있지만, 학문 속에서 다른 세대와 함께할 때 존중하는 태도가 더욱 중요해진다. 이는 자신이 배운 지식과 경험을 타인과 나누는 과정에서 특히 유용하다.

만학도들은 학문을 통해 새로운 역할을 찾으려는 과정에서 CS 매너의 핵심인 상호 존중과 배려를 배운다. 이러한 매너는 단지 교실 내에서만이 아니라, 직업적 환경과 일상생활에서도 적용할 수 있는 중요한 소양이 된다.

2. 사회와의 상호작용에서의 CS 매너

만학도가 학문에 도전하는 과정에서 가족, 친구, 그리고 사회와의 상호작용은 매우 중요하다. 이를 위해서는 CS 매너가 필수적인 기술로 자리 잡는다. 만학도들은 다양한 세대, 배경을 가진 이들과의 상호작용에서 존중과 배려를 통해 더 나은 학습 환경과 협력 관계를 만들어갈 수 있다.

특히 세대 간 차이가 큰 경우, 젊은 학생들과의 학문적 교류에서 자연스럽게 나올 수 있는 갈등 상황을 부드럽게 해결하는 데에도 CS 매너는 중요한 역할을 한다. 경청, 공감 그리고 유연한 소통의 자세는 만학도가 학습 과정에서 성공을 거두기 위한 중요한 자질로 작용한다.

3. 학습 환경에서의 CS 매너 적용

만학도들은 학습 과정에서 다양한 연령대의 학생들과 함께 공부하게 된다. 이 과정에서 경청, 양보 그리고 존중하는 태도는 학습의 질을 높이고, 서로 간의 배움과 성장을 촉진한다. 학문을 배우는 공간에서도 CS 매너는 필수적인 요소로 작용하며, 이는 다른 사람들과의 협업이나 공동 프로젝트에서 중요한 역할을 한다.

만학도들은 자신의 풍부한 경험을 바탕으로 다른 학생들과 지식을 나누고, 자신도 함께 성장해 나가는 과정을 통해 CS 매너가 학습 환경에 얼마나 중요한지를 실감하게 된다.

만학도의 성공을 위한 CS 매너

1. 도전 속에서의 소통과 배려

만학도들이 학문에 성공하기 위해서는 타인과의 소통이 필수적이다. 이를 위해 CS 매너는 상대방을 존중하고, 자신의 의견을 효과적으로 전달하는 방법을 알게 만든다. 학습 과정에서 동료 학생들과의 협력, 교수진과의 소통에서 CS 매너는 중요한 역할을 하며, 그들의 학습 깊이를 더해준다.

특히, 도전적인 학습 과정에서 의사소통의 중요성은 더욱 커진다. 타인과 원활한 소통을 통해 자신이 부족한 부분을 보완하고, 동시에 다른 사람의 의견을 수용하는 자세는 학업에 큰 도움이 된다.

2. 실패를 기회로 삼는 태도

학습 과정에서 만학도들은 여러 도전에 직면하게 된다. 오랜 시간 학문을 떠나 있었던 만큼, 새로운 정보를 빠르게 습득하거나, 최신 기술을 따라잡는 것이 어려울 수 있다. 하지만 CS 매너의 긍정적인 태도는 이러한 어려움 앞에서도 포기하지 않고 실패를 기회로 삼을 힘을 준다.

CS 매너에서 강조되는 회복력과 긍정적인 태도는 학습의 실패나 어려움을 극복하는 데 큰 도움이 되며, 이를 통해 만학도들은 더 나은 성과를 이루어낼 수 있다.

3. 자신감과 긍정적인 이미지 형성

CS 매너는 자신감을 높이고, 타인에게 긍정적인 인상을 남기는 데 기여한다. 만학도들은 학문을 통해 점차 자신감을 회복하게 되며, 이는 그들의 학업 성취뿐만 아니라, 사회적 관계에서도 큰 자산이 된다. 자신의 가치를 존중하고, 타인과의 상호작용에서 긍정적인 이미지를 형성하는 CS 매너는 만학도의 성공적인 학업과 사회 진출을 돕는 중요한 요소이다.

성공적인 만학도를 위한 실천적 CS 매너

1. 가정과 사회에서의 실천

만학도의 도전은 가족의 지원과 함께 이루어지는 경우가 많다. 가족과의 원활한 소통과 상호 존중은 만학도가 공부를 지속할 수 있는 큰 힘이 된다. CS 매너를 가정 내에서도 실천함으로써 배려와 존중의 문화를 형성하고, 가족 구성원 간의 응원과 지지를 통해 학업을 이어가는 과정에서 긍정적인 분위기를 만들어 나갈 수 있다.

2. 멘토링과 네트워킹에서의 CS 매너

만학도들이 성공적으로 학업을 마친 후, 사회에 다시 진출할 때 멘토링과 네트워킹은 큰 도움이 된다. 이 과정에서 CS 매너는 신뢰를 바탕으로 한 관계 형성과 존중을 통해 긍정적인 결과를 끌어낸다. 멘토에게서 배우고, 동료와 협력하는 과정에서 만학도들은 서로의 강점을 극대화하고, 더 넓은 기회를 만들어갈 수 있다.

만학도의 도전과 CS 매너의 힘

만학도들은 꿈을 향한 도전 속에서 용기와 인내를 발휘하며, 가정과 사회의 응원을 받는다. 이 과정에서 CS 매너는 그들이 타인과의 소통을 통해 더 큰 성공을 이루어내는 중요한 도구가 된다. CS 매너는 만학도가 학문과 인생에서 긍정적인 변화를 일으키고, 사회에서 자신의 자리를 찾는 데 필수적인 요소다.

이처럼 CS 매너는 만학도들이 학업의 성공뿐 아니라, 사회적 관계와 개인적 성장을 함께 이뤄가는 데 중요한 역할을 한다.

07

시니어 모델, 늦깎이의
화려한 날갯짓

최근 우리나라 각 시도 단체에서도 시니어 모델 희망자가 증가하고 있다. 고령화 사회 속에서 시니어들이 모델 활동을 통해 새로운 인생을 펼치는 사례들이 많아지며, 이는 단순한 취미를 넘어 삶의 활력을 불어넣는 중요한 활동으로 자리 잡고 있다.

화려한 조명 아래 무대 위에서 멋진 옷을 입고 워킹과 스피치, 표정을 전문가에게 배우며 자신만의 스타일을 발전시키는 시니어 모델은 인생 후반부에 새로운 희망과 즐거움을 찾는다.

시니어 모델이 되면 얻을 수 있는 것들

시니어 모델로 입문하면 가장 먼저 배우는 것이 자세 교정이다. 나이가 들면서 흐트러지기 쉬운 자세를 교정하고, 바른 자세로 자신감 있는 워킹을 배운다. 이를 통해 일상생활에서도 건강과 에너지가 좋아지는 효과를 누리게 된다.

표정은 자신을 표현하는 중요한 요소이다. 시니어 모델은 표정 연습을 통해 자신의 감정을 자연스럽게 표현하는 법을 배우고, 이를 통해 더욱 활기차고 긍정적인 이미지를 구축할 수 있다.

늦은 나이에 새로운 도전을 하며 얻는 성취감과 자신감은 무대에서만 느끼는 것이 아니다. 시니어 모델로서의 활동은 인생 후반기에 다시 자신이 주인공이 되는 느낌을 주며, 삶에 대한 열정과 희열을 다시 찾게 해준다.

시니어 모델 활동의 장점

시니어 모델 활동은 비슷한 연령대의 사람들과 함께하는 시간이다. 공동의 관심사를 바탕으로 소통하며, 서로를 격려하고 응원하는 환경 속에서 깊은 공감을 나눌 수 있다. 이는 심리적인 안정감과 만족감을 가져다준다.

시니어 모델 활동을 통해 다양한 사람들과 교류하며 새로운 사회적 네트워크를 형성할 수 있다. 모델이라는 공통의 목표를 가지고 함께 노력하는 과정에서 자연스럽게 관계가 형성되고, 이는 인생 후반기에도 활발한 사회 활동을 지속하는 원동력이 된다.

시니어 모델 활동과 교육의 중요성

시니어 모델로서 활동을 시작하면 끊임없이 배우고 성장하는 과정을 경험하게 된다. 워킹, 스피치, 표정, 자세 등 다양한 교육을 받으면서 자신의 잠재력을 개발하고, 이를 통해 더욱 전문적인 모델로 거듭난다.

많은 시니어 모델들이 교육을 통해 단순한 모델 활동을 넘어서, 시니어 모델 강사로 활동하며 후배들을 양성하고 있다. 이는 단순한 취미에서 나아가 전문적인 커리어로 발전할 기회를 가지게 됨을 의미한다.

시니어 모델 활동의 시너지 효과

시니어 모델 활동을 통해 신체적인 건강은 물론, 정신적으로도 큰 활력을 얻을 수 있다. 건강한 신체를 유지하기 위해 운동을 병행하고, 긍정적인 에너지를 주고받는 과정을 통해 우울감이나 외로움을 극복할 수 있다.

고령화 사회에서 시니어 모델 활동은 새로운 문화적 장르로 자리 잡고 있다. 시니어 모델 대회가 전국적으로 열리고, 다양한 무대에서 시니어들이 자신을 표현하는 새로운 기회를 만들어가고

있다. 이는 젊은 세대에게도 긍정적인 롤모델이 되어주며, 노년에
도 꿈을 향해 도전할 수 있다는 메시지를 전한다.

시니어 모델의 마음가짐과 성공적인 활동

시니어 모델로서 성공적으로 활동하기 위해서는 자신감과 긍
정적인 마음가짐이 필수다. 무대 위에서 주인공이 되는 순간을 상
상하고, 자신을 믿으며 끊임없이 연습하고 발전해 나가는 자세가
중요하다.

좋은 워킹과 표정, 자세는 꾸준한 연습과 자기관리를 통해 이
루어진다. 시니어 모델들은 전문가들의 지도를 받으며 매번 새로
운 무대에 설 준비를 하고, 이를 통해 더욱 발전해 나간다.

시니어 모델 활동은 새로운 경험을 향해 열린 마음을 가져야
한다. 낯선 환경과 무대가 주는 두려움을 이겨내고, 새로운 경험
을 즐기며 자신을 더욱 성장시켜 가는 자세가 필요하다.

시니어 모델 활동은 단순한 취미 이상의 의미가 있다. 자신의
나이를 잊고 새로운 도전에 나서며, 늦은 나이에 느끼는 성취감과
자신감은 삶의 활력소가 된다.

시니어 모델의 세계는 고령화 사회에서 새로운 도전과 기회의
장을 열고 있다. 다양한 활동을 통해 시니어 모델로서의 삶을 멋

지게 살고, 인생 후반기에도 화려한 날개를 펼칠 수 있다는 메시지를 전달한다.

08

시니어 모델의 도전과
CS 매너

시니어 모델과 CS 매너의 관계

시니어 모델로서 활동하는 첫 단계는 자세 교정이다. 이는 신체적 건강을 위한 중요한 요소이기도 하지만, 바른 자세는 타인에게 자신감을 전달하고, 존중받는 이미지를 형성한다. CS 매너에서도 자세는 중요한 부분이다. 바른 자세와 눈 맞춤은 상대방에 대한 존중과 신뢰를 표현하는 첫 번째 도구가 된다. 따라서 시니어 모델들이 바른 자세를 익히는 것은 단순한 외적 아름다움을 넘어서, 다른 사람들과 원활하게 소통하기 위한 기본적인 매너를 배우는 과정이라고 할 수 있다.

시니어 모델은 표정을 통해 자신의 감정을 표현하고, 관객에게 메시지를 전달하는 방법을 배운다. 이는 CS 매너의 핵심인 고객 응대 매너와도 밀접하게 연결된다. 고객 응대 시에도 상대방의 감정과 상태를 배려한 표정 관리가 중요하며, 이를 통해 상대방에게 긍정적이고 편안한 인상을 남길 수 있다. 시니어 모델들은 이러한 표정 연습을 통해 무대뿐만 아니라 일상에서 자연스럽게 타인에게 좋은 인상을 줄 방법을 익히게 된다.

시니어 모델 활동을 통해 얻는 사회적 관계와 CS 매너

시니어 모델들은 공동의 관심사를 가진 또래들과 함께 소통하며 활동하게 된다. 이 과정에서 CS 매너의 기본 원칙인 존중과 배려가 자연스럽게 발휘된다. 또래 간의 격려와 응원 속에서 자신감을 얻고, 공감을 나누는 과정은 타인과의 관계에서도 중요한 자산이 된다. 이처럼 시니어 모델들은 함께하는 사람들과의 소통을 통해 CS 매너의 중요성을 체득하게 된다.

시니어 모델 활동은 다양한 연령대와 직업군의 사람들과 새로운 관계를 맺을 기회를 가진다. 모델 활동을 통해 형성된 사회적 관계에서 시니어들은 타인과의 원활한 소통과 존중을 기반으로 한 CS 매너를 자연스럽게 적용할 수 있다. 이러한 관계는 단지 무대에서만이 아니라, 다양한 사회적 네트워크에서도 중요한 역할을 한다.

시니어 모델 활동과 지속적인 교육의 중요성

시니어 모델로서의 활동은 끊임없는 교육과 성장을 요구한다. 워킹, 스피치, 표정 연습 등 다양한 교육을 받으며 시니어들은 자신의 능력을 향상시키게 된다. 이 과정에서 CS 매너 역시 함께 발전한다. 전문적인 모델로서 타인을 대할 때 필요한 예의, 협업에서의 배려, 상대방의 의견을 경청하는 자세 등이 시니어 모델 교육의 중요한 요소로 자리 잡는다. 이는 모델 활동을 넘어 일상에서도 큰 도움이 된다.

많은 시니어 모델들은 자신의 경험을 바탕으로 강사로 성장하기도 한다. 이때 CS 매너 교육은 필수적이다. 후배 모델들에게 자신감을 심어주고, 무대에서의 표현력뿐만 아니라 일상에서 필요한 매너와 소통의 중요성을 가르치는 역할을 하게 된다. 이러한 과정에서 시니어 모델은 단순한 모델 활동을 넘어서, 매너를 통한 인간관계의 중요성을 전파하는 지도자로서의 역할을 수행하게 된다.

시니어 모델 활동의 시너지 효과와 CS 매너

시니어 모델 활동을 통해 신체적 건강은 물론 정신적으로도 큰 활력을 얻을 수 있다. CS 매너의 기본 원칙인 배려와 긍정적인 태도는 시니어 모델들이 무대에서뿐만 아니라 일상생활에서도 더욱 활기차고 자신감 있는 삶을 살아가도록 돕는다. 이러한 태도는 자신뿐만 아니라 주변 사람들에게도 긍정적인 영향을 미치며, 더 나은 인간관계를 형성하는 데 기여한다.

시니어 모델 대회나 다양한 패션쇼 무대는 이제 시니어들이 자신을 표현하는 새로운 기회로 자리 잡고 있다. 이 과정에서 시니어 모델들이 CS 매너를 적용하여 서로를 존중하고 협력하는 환경을 만들어가는 것은 필수적이다. 이러한 활동은 시니어들이 사회 속에서 자신을 표현하고, 젊은 세대에게도 긍정적인 메시지를 전하는 기회가 된다.

시니어 모델로서의 성공과 CS 매너의 적용

시니어 모델로서의 성공적인 활동을 위해서는 자신감과 소통 능력이 중요하다. 무대 위에서 자신을 표현하는 능력뿐만 아니라, 타인과의 소통에서 존중과 배려를 실천하는 CS 매너가 더욱 중요해진다. 이는 단지 무대에서만이 아니라, 일상에서도 중요한 역할을 하게 된다.

시니어 모델들은 꾸준한 훈련을 통해 성장한다. 이 과정에서 CS 매너 역시 지속적으로 훈련한다. 워킹과 표정, 자세는 물론이

고, 타인과의 상호작용에서 필요한 매너를 배우고 적용하는 과정
은 시니어 모델로서의 성공적인 커리어를 만들어가는 중요한 요
소다.

시니어 모델과 CS 매너의 조화

시니어 모델 활동은 단순한 외적 표현을 넘어, 자신의 삶을 더
욱 풍성하게 만들어주는 중요한 도전이다. CS 매너는 이러한 도전
속에서 자신을 표현하고, 타인과 원활한 소통을 이루는 데 필수적
인 역할을 한다. 시니어 모델로서의 자신감을 통해 CS 매너를 체
득하고, 이를 바탕으로 삶의 활력을 찾는 것이야말로 시니어 모델
활동의 궁극적인 목표라 할 수 있다.

CS 매너는 시니어 모델의 새로운 도전에 날개를 달아주며, 이
들이 더욱 건강하고 행복한 인생 후반부를 살아갈 수 있도록 돕는
중요한 도구이다.

09

인생 후반기 인생을 정리할 때

인생의 후반기에 접어들면서 자신이 소중히 간 직해 온 물건들을 정리하는 것은 매우 중요한 과정이다. 이를 통해 깔끔하고 부담 없는 이미지를 남기며, 주변 사람들에게 좋은 인상을 남기고 행복하고 멋진 노후를 준비할 수 있다. 이러한 정리 과정은 단순히 물건을 버리는 것이 아니라, 자신의 삶을 되돌아보고 중요한 가치를 재정비하는 계기가 될 수 있다.

인생 정리의 중요성

물리적, 정신적 정리가 자신의 마음과 주변 환경에 어떤 긍정적인 영향을 미치는지 설명한다. 가벼워진 마음과 주변 정리로 삶의 질이 향상되고, 후손에게 남길 것과 정리할 것을 명확히 구분하여 책임감 있는 삶을 마무리할 수 있다.

깔끔하고 정돈된 노후는 타인에게 존경받고 부담을 주지 않는 중요한 요소다. 가족이나 친구에게 마지막까지 긍정적인 영향을 주기 위한 준비로서 자신의 일상과 소유물을 정리할 필요가 있다.

정리해야 할 것들

애장품, 가구, 가방, 보석, 옷, 액세서리 등을 정리한다. 추억이 담긴 물건은 선택적으로 보관하거나 의미 있는 사람에게 전달할 수 있고, 불필요한 물건은 버리거나 기부하여 새 주인을 찾게끔 한다.

일기장, 메모지, 유서와 같은 중요한 문서는 차분하게 정리하고, 남은 이들이 쉽게 찾고 이해할 수 있도록 준비하는 것이 필요하다. 재산 분배에 대한 의사와 마지막 메시지를 담은 유서를 미리 작성하여 가족 간의 갈등을 최소화하고, 자신의 뜻을 정확히 전달할 수 있도록 준비해야 한다.

인생을 정리할 때 남겨야 할 것

인생을 살아오면서 쌓아온 관계와 기억 중, 무엇을 남길지 결정하는 것도 중요하다. 좋은 관계와 추억은 가족, 친구, 동료들에게 긍정적인 영향을 미치며, 그들에게 좋은 기억으로 남을 수 있다. 인생의 정리 과정에서 가족과의 소통을 중요하게 여겨야 한다. 자신의 생각과 의도를 명확히 전하고, 그들의 의견을 존중하며 함께 노후 준비를 논의하는 시간이 필요하다.

CS 매너 서비스와의 연계

고객에게 존중과 배려를 남기듯, 삶에서도 존중과 배려를 남겨야 한다. 고객 서비스에서 중요한 것이 배려와 존중이듯, 자신의 인생을 정리하는 과정에서도 주변 사람들에게 부담을 주지 않고 깔끔하게 정리하는 것이 필요하다. 마지막 순간까지 상대방에게 친절하고 배려하는 모습은 훌륭한 CS 매너와 같다고 할 수 있다.

CS 매너에서 중요한 것은 고객과의 명확한 소통이다. 이와 마찬가지로, 유서나 재산 분배 등의 중요한 문제를 처리할 때는 가족이나 후손과 명확하게 의사소통하여 혼란을 방지하고, 공감과 이해를 바탕으로 협의할 수 있도록 해야 한다.

CS 매너에서는 마지막 인상이 매우 중요하다. 인생에서도 마지막 정리 과정에서 남기는 인상은 가족과 주변인들에게 큰 영향을 미친다. 긍정적이고 정리된 이미지를 남기기 위해서는 모든 것을 깔끔하게 마무리하고, 좋은 추억과 관계를 남기려는 노력이 필요하다.

정리된 노후, 행복하고 멋진 노후를 준비하기 위한 실천 방안

재산 분배에 대한 명확한 계획을 세우고, 유서를 통해 자신의 뜻을 명확히 남기는 것이 중요하다. 이는 자녀들 사이의 갈등을 예방하고, 마지막까지 깔끔하게 인생을 마무리하는 방법이다.

지나치게 많은 모임을 유지하는 것보다 진정한 소통과 유대가 있는 사람들과 관계를 유지하는 것이 필요하다. 인생의 후반부에 들어서면 각종 모임도 선택적으로 정리하여 심리적 부담을 줄이고 더 여유 있는 시간을 만들 수 있다.

물리적인 정리뿐만 아니라, 자신의 정신적 건강과 행복을 위한 시간도 중요하다. 취미를 즐기고, 자연과 함께하며 자신을 위한 여유로운 시간을 보내면서 행복하고 건강한 노후를 준비하는 것이 필요하다.

⑩

웰 다잉 (Well-Dying)
– 존엄사

죽음과 웰 다잉, 살아있을 때 준비해야 할 것들

웰다잉 (Well-Dying)은 단순히 죽음을 받아들이는 것이 아니라, 살아있는 동안 죽음을 준비하며 자신의 인생을 정리하는 과정이다. 누구나 죽음은 피할 수 없는 확실한 노선이기에 우리는 그것을 두려워하기보다, 삶의 마무리를 어떻게 할 것인지에 대해 미리 준비해야 한다. 이는 생의 마지막 순간까지도 나답게, 나의 가치관과 원칙에 맞게 인생을 마무리하는 아름다운 과정이다.

죽음에 대한 가정, 죽는 날을 정한다는 것

20대 중반에 일본으로 원정 연수를 갔을 때, 교수님께서 '몇

살까지 살 계획이냐?'는 질문을 던졌다. 당시에는 아직 삶을 시작하려는 단계였기에 죽음에 대한 질문이 매우 당황스럽고 불쾌하게 느껴졌다. 그러나 그 교수님께서는 이렇게 설명했다. "죽음은 누구에게나 명확하게 다가오는 것이며, 죽음을 정하는 과정은 오히려 삶을 더 의미 있게 살아가게 하는 힘을 줍니다."

그 후, 나는 77세 7월 7일 저녁 7시 7분 7초에 죽을 것이라고 설정하고, 그 날짜에 맞춰 내 삶을 계획했다. 그리고 만약 77세가 되었을 때 내가 여전히 건강하고 생생하다면, 살아있는 이소희 장례예식을 열기로 했다. 이는 나를 사랑해 주고, 나와 소중한 인연을 맺은 가족, 친구, 지인들에게 감사의 인사를 전하는 시간이 될 것이다. 장례식은 축제의 장이 되어, 삶을 기념하고 즐기는 자리가 될 것이다.

웰 다잉과 장례예식, 내가 계획한 나의 마지막

살아있는 동안 준비한 장례예식은 단순한 슬픔의 자리가 아닌, 즐겁고 감사한 시간을 나누는 축제의 장으로 기획될 것이다. 가족, 친구, 지인 그리고 나의 삶을 통해 귀한 인연으로 맺어진 모든 분을 초대하여 감사의 마음을 전하고, 그들과 함께 행복한 시간을 보낼 것이다. 유명한 연예인들을 초청해 문화 예술 공연을 펼치고, 맛있는 음식을 나누며 서로를 기념하는 자리를 만들 것이다.

내 생을 마감하기 전에 살아가는 동안 받은 사랑과 은혜를 기념하는, 의미 깊은 순간이 될 것이다.

장례 후 가족들의 힘찬 발걸음

내가 떠난 후 남은 가족들이 슬픔에 잠기지 않도록, 나는 그들이 내 장례식을 새로운 출발점으로 삼기를 바란다. 슬픔보다는 감사를, 눈물보다는 미소를 통해 새로운 발걸음을 힘차게 내디딜 수 있도록 격려하고 싶다. 가족들과 지인들이 내 삶을 기념하고, 그 기운을 받아 자신들의 삶에서도 의미 있는 변화를 만들어가기를 기대한다. 웰다잉의 목적은 단순히 죽음에 이르는 것이 아니라, 죽음을 준비함으로써 나와 내 주변 사람들에게 더 나은 삶을 선물하는 것이다.

CS 매너와 웰 다잉의 연계

CS 매너에서는 고객에게 마지막까지 좋은 인상을 남기는 것이 중요하다. 웰 다잉 또한 내 인생을 정리하며 가족과 지인들에게 마지막까지 좋은 인상을 남기는 과정이다. 나의 마지막이 주변 사람들에게 부담을 주지 않고, 오히려 그들에게 감사와 기쁨을 주는 시간이 될 수 있도록 준비해야 한다.

고객 서비스에서 명확한 소통이 중요한 것처럼 죽음을 준비할 때도 가족과 지인들과의 소통이 중요하다. 자신의 의도를 명확히 전달하고, 남은 이들이 혼란스럽지 않도록 정리하는 것이 필요하다. 유서 작성, 재산 분배 등을 통해 남겨진 사람들이 원활하게 삶을 이어 나갈 수 있도록 준비하는 것이 CS 매너와도 연결된다.

CS 매너의 핵심은 감사의 마음을 표현하는 것이다. 웰 다잉에서도 마찬가지로 내가 살아오면서 인연을 맺은 이들에게 진심으로 감사하는 시간을 가질 필요가 있다. 나의 마지막을 기념하는 자리를 통해 그들에게 감사의 마음을 전하고, 함께 나눌 수 있는 시간이 중요하다.

죽음 맞이와 장례식 절차

나의 생애 마지막을 준비하는 과정에서 장례식 절차는 매우 중요하다. 장례식은 단순한 애도의 자리가 아닌 나의 삶을 기념하는 축제의 장으로 만들기 위한 구체적인 계획이 필요하다.

장례식 후 남은 가족들이 서로를 위로하고 새로운 출발을 할 수 있도록 가족 간의 역할을 명확히 하고 장례식 이후의 삶에 대한 계획을 함께 세워야 한다.

묘비명과 나의 마무리

나의 묘비명은 다음과 같다. "사람은 자연이고 신대륙이다. 사람은 왜 사느냐? 사이좋게 사는 것이 잘사는 것이고, 존경받고 싶으면 비밀을 지켜라. 밝고 맑고 부지런하고 책임감 있는 젊은 감성, 초긍정의 마인드로 달력의 나이를 초월한 만년 소녀 맹물 강사 이소희 잠들다."

이 묘비명은 내가 인생을 어떻게 살아왔고, 마지막까지 어떤 가치를 가지고 살았는지를 나타내는 메시지이다. 이 마지막 메시지를 통해 나의 삶이 주변 사람들에게 긍정적인 영향을 미치고, 그들에게도 삶에 대한 새로운 시각을 선물하고 싶다.

마지막으로 죽음은 피할 수 없는 것이며, 이를 준비하는 과정은 나와 주변 사람들을 위한 최고의 선물일 수 있다. 웰 다잉은 단순한 죽음의 준비가 아닌, 인생을 더욱 가치 있게 만들기 위한 과정이다. CS 매너와 연계된 이 웰 다잉 과정은 나의 삶을 정리하며, 마지막까지 나의 소중한 사람들에게 긍정적이고 기쁨을 주는 삶을 남기는 것이다.

"

인생을 살아가는 자체가
서비스다. 모두에게는
고객이 있으며 그 고객에게 좋은
서비스를 제공해야 한다.

"

CHAPTER
03

3장

서비스는
인생이다

서비스와 겸손 예의가
답이다

인생은 서비스다. 인생을 살아가는 자체가 서비스다. 모두에게는 고객이 있으며 그 고객에게 좋은 서비스를 제공해야 한다. 대통령도 서비스고 장관도 교수 등 모두에게는 서비스를 제공해야 할 고객이 있다. 정치인은 국민이 고객이고 교수와 선생은 학생이 고객이다. 고객과 원활한 소통이 이루어져야 좋은 관계가 형성된다.

모두에게 해당하는 첫 번째 고객은 자기 자신이다. 자신에게 선물을 주고 운동을 해주고 좋은 먹거리를 먹게 해야 한다. 성공하기 위해서는 스스로가 성공메이커가 되어야 한다. 연애할 때 좋은 옷을 입거나 화장을 하며 자신을 꾸민다. 그처럼 나와 연애하듯이 살아야 한다. 삶의 출발이 나를 위해 서비스하는 것이 되어야 한다. 나에게 어떤 선물을 하고 있는지, 자고 일어나서 나에게 거울을 보면서 하는 말이 오늘이 '고맙다','감사하다'가 되어야 한다. 성공하기 위해서는 내 자체가 사회적 브랜드가 되어야 한다.

행복한 성장과 성공을 이루기 위한 첫 번째 고객이 나라야 한다. 자신을 바라볼 때 솔직하게 보아야 하며, 남이 나를 평가하는 것은 이차적이다. 나의 인성은 괜찮은지 내면이 가진 매력이 무엇인가? 내 매력과 외면의 매력이 무엇인지 머리끝에서 발끝까지 나를 봤을 때 괜찮다, 믿을 수 있는 존재라고 느낄 정도가 되어야 한다. 그러려면 머리 스타일, 몸무게, 인상, 피부는 괜찮은가? 눈빛과 표정과 자세는 괜찮은가? 내 신체는 세상이 좋아할 정도인가? 내 자체가 브랜드인가를 항시 살펴야 한다.

나는 첫 번째 고객인 나에게 반하고 지지하고 응원할 때 제2의 고객이 날 응원하고 지지한다. 나를 고객으로 삼는 것이 성공으로 가는 첫 번째 문이다. 문을 열고 나오기 전에 고객인 나에게 서비스를 잘해야 한다.

두 번째 고객은 배우자를 포함한 가족이나 연인이다. 나와 가장 가까운 사람이다. 지금 세상은 브랜드 시대이다. 내 브랜드를 만들어서 두 번째 고객을 만족시켜야 한다. 가령 두 번째 고객이 배우자라면 배우자는 누구보다 나를 많이 알고 있는 사람이다. 다른 사람은 나의 가공되고 인위적인 부분을 보지만 배우자는 다른 사람이 보지 못하는 숨겨진 면까지 알고 있는 사람이다. 배우자와 소통과 화합이 되면 좋다. 배우자가 나를 지지하고 응원하고 나와 화합이 되면 엄청난 에너지를 얻게 되며 태풍과 같은 에너지를 가지게 된다. 그런 에너지로 세상을 향해 나아간다면 성공의 가능성은 그만큼 커지게 되는 것이다. 첫 번째 고객과 두 번째 고객에게 서비스를 잘하면 그 시너지 효과는 몇 배가 된다.

두 번째 고객과 잘 지내는 사람이 있는가 하면 소통이 잘 안 되는 사람도 있다. 다투는 관계이면 자신이 가진 힘조차 약해진다. 계속 싸우는 관계면 될 것도 안 된다. 모든 것이 힘이 든다. 세 번째, 네 번째 고객을 만나기 전에 먼저 첫 번째 두 번째 고객을 만족시켜야 성공한다.

제주도에서 소개를 받고 온 A라는 사람이 있었다. 처음 그녀를 대했을 때가 기억난다. 눈동자가 개구리 눈처럼 물이 확 고여있었고, 들어오면서 울먹거렸다. 한참 말이 없다가 "내가 못 배워 자신이 없어요. 죽고 싶어요. 아는 분이 마지막으로 이소희 교수님 한 번 만나보라고 해서 물에 빠진 사람이 실오라기라도 잡는 심정으로 찾아왔습니다. 저는 얼마 전 10대, 20대인 아들과 딸을 잃었습니다. 세상 살맛도 안 나는데 남편이 나에게 욕하고 폭력까지 행사합니다. 그래서 자살 기도도 여러 번 했는데 그것도 쉽지 않았습니다."

우울증도 있다고 했으며, 배도 나오고 얼굴이 보기만 해도 기운이 빠지는 모습이었다. 나는 아무 말 하지 않고 그녀의 이야기에 공감만 하고 있었다. 남편이 건축 사업을 하여 돈은 아쉬운 것이 없는데 자식이 없으니 삶의 의욕도 희망도 없다고 했다. 건축 일을 하면서 집을 떠나면 너무 좋다고 했다. 그렇게 그녀는 4시간 동안 이야기를 했다.

이야기가 끝나기를 기다렸다가 "남편이 너무 불쌍하네요. 너무 가엾어요."라는 말을 했다. 그러자 그녀는 한참을 의아한 표정으로 나를 지켜보았다.

"왜 이렇게 귀한 사람을 알아보지 못하는 걸까요? 부인이 얼마나 소중한 사람인지 모르는 남편은 정말 불쌍한 사람이네요. 하지만 제가 도와드리겠습니다. 오늘부터는, 남편 앞에서 싫은 내색을 하지 마세요. 내일 헤어지더라도 존칭을 사용하고, 공격적인 말투를 삼가세요. '아, 그렇군요. 알겠습니다.'라는 식으로 존중을 표현하세요. 스스로 먼저 변해보세요. 지금부터는 변화가 필요합니다.

남편의 장점도 생각해 보세요. 그는 돈을 벌어다 주는 사람이잖아요. 슬프고 힘든 모습을 하늘에 있는 자녀도 보고 싶어 하지 않을 겁니다. 당신 나이에 학력도 좋고, 뒷배경도 탄탄한 사람은 사실 10%도 되지 않을 만큼 드물어요. 그런 면에서 남편의 장점을 한 번 더 생각해 보세요. 남편이 돈을 벌어다 주는 것도 큰 장점이에요. 경제적으로 안정된다는 건 분명 중요한 부분이죠. 그런데 남편이 힘이 세서 당신을 때리는 건가요? 아니면 당신이 남편에 대한 피해 의식으로 만만해 보여 그런 행동을 하게 된 걸까요?

헤어지는 것은 나중 문제입니다. 중요한 건 지금, 남편이 당신이 얼마나 소중한 사람인지를 깨닫게 해야 합니다. 당신은 하나뿐인 소중한 존재입니다. 절대로 폭력에 시달리는 사람이 되어선 안 됩니다. 자신의 가치를 확실히 알고, 'YES'와 'NO'를 명확히 표현하세요. 자신이 소중하다는 걸 깨닫고, 부부 관계에서도 자신을 당당하게 세우세요. 만약 계속 기가 죽어 있으면, 상대방은 그것을 당연하게 여기게 됩니다. 동물의 세계에서도 약한 자세를 가지면 상대가 포악해지는 원인이 됩니다.

지금부터는 자신을 새롭게 만들어야 합니다. 스스로가 소중한 사람임을 마음속 깊이 인식하고 행동으로 나타내세요. 그래야만 상대방도 당신을 소중히 여기는 말을 하게 됩니다. 지금은 벌레 취급을 받아 더 기분 나쁘고, 갑질을 당하며 폭력까지 당하는 상황이지만, 그렇게 느껴지더라도 부드럽고 차분하게 바꿔나가야 합니다."

"당신을 위해 생활 시스템을 만들어 보세요. 잠을 잘 때도 내면을 깨끗하게 유지하고, 비록 잠을 잘 자지 못하더라도 최상의 휴식을 취할 수 있는 환경을 만들어야 해요. 암막 커튼을 달고, 전자파를 모두 차단하세요. 아침 해가 떠오를 즈음 동쪽을 바라보며, 해가 뜨는 걸 보고 숨 쉴 수 있는 것에 감사하는 마음을 가져보세요. 남편이 너무 밉다는 생각이 들어도, 주문을 외우듯 감사하는 마음을 되새기세요. '오늘도 공기가 있어서 감사하고, 밥을 먹고 건강하게 살 수 있어서 감사하다'라고 말하며 잠자리에 드는 겁니다.

아침에 일어나면 눈을 뜨고 자기 이름을 부르세요. '나는 소중하다. 나는 나를 사랑한다. 나는 귀한 사람이다.'라고 말하면서 동쪽에서 내려오는 빛을 떠올리고, 그 빛으로 샤워를 하는 상상을 해보세요. 그 빛이 당신을 감싸고, 마음의 상처를 씻어내고 녹여내는 명상을 하세요. 현재의 모든 것에 감사하는 마음을 가지는 것이 중요해요.

두 번째로는 남편에게 감사하는 마음을 가져보세요. 남편도 누군가의 자손이자, 당신이 만난 사람입니다. '내가 더 훌륭한 사람이었다면 그에게 선한 영향을 미칠 수 있었을 텐데, 그렇지 못해 미안하다'라고 명상해 보세요. 정성을 들여 밥을 차려주며 남편이 건강해지고 부드러워질 수 있도록 노력해 보세요.

그를 위해서 나 자신도 노력하겠다고 다짐하세요.

남편은 때로 무식해 보일지 모르지만, 그는 돈을 많이 벌어오는 사람입니다. 빛으로 남편에게도 샤워를 시키는 상상을 해보세요. 그리고 남편 얼굴을 동쪽 하늘의 둥근 해처럼 떠올리며, '당신을 더 훌륭한 사람으로 만들 수 있었는데 미안해요. 하지만 앞으로는 함께하는 동안 당신을 소중하게 대하고, 존중하는 말을 쓰겠다'라고 다짐하세요. 남편의 장점을 떠올리면 일도 잘하고 좋은 면도 많다는 걸 알게 될 거예요. 헤어진다면 그 장점을 가진 남편은 남이 데려갈 수도 있다는 점도 생각해 보세요. 당신도 모르게 울다가 웃다가 할 수도 있지만, 남편이 재목이 좋고, 건강하며 돈도 많은 사람이라는 것을 잊지 마세요.

남편이 당신을 소중하게 대하지 않을지라도, 빛 속에서 그를 명상하며 샤워시키세요. 밥을 먹어준다면 '감사합니다.'라고 말하세요. 설령 그가 "정신 나갔냐?"라고 말해도 웃어넘기세요. 집을 나설 때는 그를 배웅하고, 외출할 때도 편안하면서도 호감을 줄 수 있는 옷차림을 하세요. 말투를 부드럽게 하며, 남편이 화를 내려 할 때도 겁먹지 말고 차분히 "제가 또 뭘 잘못했나요?"라고 물어보세요. 그리고 "화를 돋운 것 같아요. 자꾸 맞으니 정말 아파요."라고 솔직하게 말하세요. '당신의 힘은 현장에서 발휘하고 저에게는 조금 아낄 수는 없나요?'라고 부드럽게 물어보는 것도 좋은 방법입니다.

결국, 당신이 변하지 않으면 상황이 나아지지 않습니다. 그러니 자신을 변화시켜 상대에게도 긍정적인 영향을 주는 사람이 되세요. 그렇지 않으면 이 관계에서 더 큰 상처를 입을 수 있으니까요."

그녀는 제주도에서 주 2회씩 찾아왔다. 제주도에서 울산까지는 왕복 8시간이 걸렸지만, 그녀는 멀리서도 꾸준히 상담을 받으러 왔다. 시간이 지날수록 그녀는 눈에 띄게 변해갔다. 그녀의 변화해가는 모습을 보고 남편도 울산으로 오겠다고 했다. 평생 울산에 한 번도 안 오던 사람이, 그 바쁜 사람이 나 때문에 오겠다고 하니 걱정이 되었다. 자신에게 하던 대로 교수님에게 화내거나 심하게 대하면 어떡하지 하는 불안감 때문이었다. 하지만 내가 그에게 말해 주었다. "걱정하지 마세요. 남편이 이렇게 함께 온다는 것 자체가 변화의 시작입니다. 명상 속에서 변화가 일어나고 있어요." 라고.

남편이 도착했을 때 그는 처음에는 인사도 하지 않고, 의자에 비스듬히 앉아 있었다. 하지만 나는 그에게 명찰을 달고 수업에 앉아 있으라고 요청했다. 처음에는 모른 척하며 뒷자리에 앉아 있었다. 사실 그는 모든 것을 보고 있었고, 가정교육에 대해 배우기 시작했다. 사람의 태생에는 타고난 성향이 다르지만, 가정에 대한 이해와 변화는 누구에게나 가능하다.

첫 번째와 두 번째 시간 동안 그는 여전히 뒷자리에 있었지만, 쉬는 시간이 지나자 앞으로 나와 앉았다. 제주도에서 온 것은 4시간이 걸렸지만, 뒷자리에서 앞자리로 온 것은 두 시간이 걸린 것이다. 그리고 세 번째와 네 번째 시간이 지나면서 그는 스스로 질문을 하고, 대답하기 시작했다. 점차 수업에 몰입하며 변화가 시작되고 있는 것처럼 느꼈다.

사실 남편은 의처증이 있었다. 그런 것 때문에 그녀는 밖 출입을 마음대로 할 수 없었다. 그녀에게 남편은 한 마디로 종합세트 불량 남편이었다. 그런데 그 남편은 계속 내 강의를 들으러 왔다. 그 사람이 52강을 받고 단체 교육을 받고 완전히 변했다.

삶의 의미와 희망이 없는 그녀에게 살아가는 데 필요한 가치를 심어주고 싶었다. 지금 당신은 자식이 없지 않으냐 자식에게 존경받는 당신을 닮고 싶어 할 수는 없다. 하지만 삶의 가치를 봉사하는 데서 찾을 수 있다. 할머니를 돕든가 환경보호에 앞장서든지, 동물을 돌보든지, 고아를 사랑하든지 찾으면 많은 것을 할 수 있다. 내가 적극적으로 돕겠다. 그러자 그녀는 부모 없는 취약 계층 아동을 돕겠다고 했다. 나는 청소년들 행사할 때 그녀를 데려가 돕는 기회를 주었다. 지금은 제주도에서 청소년을 도우며 방송에도 출연하는 등 활발한 활동을 하고 있다. 그리고 가끔 나에게 문자가 온다.

"하나님이 내게 허락하신 ○ ○ ○를 살려내신 분이십니다. 교수님 안 만났으면 전 지금 무슨 생각으로 살았을까요? 너무너무 감사합니다. 앞으로 소풍 길 명품 길 향해 달려보겠습니다."

"제 인생 바뀌고 있습니다. 감사합니다. 은혜 잊지 않고 기억하겠습니다. 무한 감사드립니다."

"활기찬 아침입니다. 교수님 덕분에 ○ ○에 삶이 풍성해져 가고 있습니다. 항상 감사하게 생각합니다. 사랑합니다. 건강하세요."

이 일을 하면서 사람이 변하는 모습에 감동하고 보람을 얻는다. 다시 태어나도 스피치 강사가 되고 싶다. 그러면서 심리 공부를 한 것이 너무 잘했다고 생각한다. 고객과 내면의 깊이 있는 대화를 더 잘할 수 있기 때문이다.

세상을 바꾸는 방법은 두 가지다. 내가 바뀌든지, 아니면 세상을 바꾸든지. 내가 세상을 바꿀 수는 없지만 나 자신은 바꿀 수 있다. 먼저 자신의 내면과 외면을 디자인해야 한다. 먼저 나 자신을 고객으로 삼고 서비스해야 하는 것이다.

서비스의 출발은
내부 직원부터 시작된다

서비스에서 고객 만족을 최우선으로 여기는 것은 당연한 일이다. 그러나 진정한 서비스의 출발점은 내부 직원으로부터 시작된다는 사실을 종종 간과하곤 한다. 고객에게 최고의 서비스를 제공하기 위해서는 먼저 직원들이 그 가치를 느끼고 실천할 수 있도록 돕는 것이 중요하다. 이는 단순한 월급 이상의, 그들의 성장과 발전을 함께 하는 여정의 출발선이다. 나는 기회가 있을 때마다 직원들에게 CS 매너 교육을 했다.

25년간 토탈뷰티샵을 운영하는 동안, 10명 내외의 직원들에게 월급봉투에 돈을 넣어 급여를 지급했는데, 그 행위를 CS 매너 교육의 한 방편으로 삼았다. 월급을 주는 행위를 직원의 성장을 돕는 것을 목표로 삼았다. 월급을 전달할 때, 노란 월급봉투에 손으로 직접 편지를 썼다. 이 편지에 그들의 발전을 지켜보며 적은 진심 어린 조언과 격려의 메시지를 담았다. 각 직원이 잘하고 있는 부분, 앞으로 더 나아갈 수 있는 부분, 그리고 그들이 발전하는 과정에서 느껴지는 감사와 칭찬의 말들이었다. 이러한 편지들은 직원들에게 큰 의미가 있었고, 그들은 "월급은 늦게 주셔도 괜찮지만, 노란 봉투는 먼저 주세요"라고 농담처럼 말하기도 했다.

그뿐만 아니라, 매일 아침과 저녁에 직원들에게 매너 교육을 진행했다. 고객들과의 소통을 보다 자연스럽고 매끄럽게 하기 위해서였다. 우리는 조용히, 세심하게 고객의 요구를 파악하고 응대하는 능력을 키우기 위해 지속해서 훈련했다. 이러한 세심한 관리가 우리 미용실의 특별한 서비스 문화를 만들었다.

내부 직원이 행복하고 만족감을 느낄 때, 그 감정은 고객에게도 자연스럽게 전해진다. 직원을 단순히 '서비스 제공자'로 여기는 것이 아니라, 함께 성장하고 발전하는 '동반자'로 대할 때, 그들은 자신의 일에 대한 자부심과 책임감을 느끼게 된다. 고객의 요구를 세심하게 파악하고, 말로 표현하지 않아도 느껴지는 고객의 감정에 집중하는 법을 교육함으로써 직원들이 더욱 섬세한 서비스를 제공할 수 있도록 이끌었다.

많은 세월이 흐른 후, 당시 함께 일했던 직원 B가 찾아왔다. 그는 성실하고 부지런한 사람이었는데, 그날 특별한 선물을 가지고 왔다. 바로 5년 동안 내가 그에게 줬던 월급봉투들이었다. 그는 그

봉투들을 모아 모두 코팅해서 자신의 집 벽에 걸어두었다고 했다. 그 봉투는 단순한 급여 봉투가 아니라, 그의 삶을 이끌어 준 가훈 처럼 자리를 잡았고, 그의 자녀들도 매일 그 봉투를 보며 자란다 고 했다.

그 단순한 노란 봉투가 그에게 이렇게 깊은 영향을 미쳤다는 사실에 큰 감동을 하였다. 이는 그저 월급을 주고받는 관계를 넘 어서, 서로의 삶에 긍정적인 흔적을 남기며 성장해 나갈 수 있는 진정한 인간관계의 중요성을 다시금 깨닫게 해준 순간이었다.

결국, 고객 서비스는 내부 직원으로부터 출발해야 한다. 직원 들이 회사와 직업에 애정을 느끼고, 자신이 하는 일에 자부심을 가질 수 있을 때, 그들은 고객에게 진심 어린 서비스를 제공할 수 있다. 내부 직원들이 행복하고 성장하는 환경을 만드는 것이야말 로 최고의 고객 서비스를 창출하는 첫걸음이다.

갑질 고객에게
무감각하게 대하기

서비스 업계에서 일하다 보면 누구나 한 번쯤 '갑질' 고객을 마주한다. 그들은 종종 정당한 요구를 넘어서, 자신의 지위를 남용하거나 감정적인 이유로 과도한 요구를 하곤 한다. 이런 고객을 상대하는 직원들은 감정의 에너지가 많이 소모되고, 때론 자존감에 큰 상처를 입는다. 이런 갑질 고객에게 어떻게 대처해야 할까? 그 핵심은 바로 무감각하게 대하는 것이다.

무감각하게 대한다는 것은 단순히 감정을 억누르거나, 고객을 무시하는 것이 아니다. 감정적인 반응을 줄이고, 상황에 휘말리지 않으며, 냉정하게 대처하는 것을 말한다. 고객이 과도한 요구를 하더라도, 그것을 개인적 공격으로 받아들이지 않는 것이 중요하다. 그들의 언행이 우리의 인간적인 가치를 결정짓는 기준이 아니다. 그들의 부당한 요구나 행동에 자존심을 맡길 필요가 없다.

갑질 고객의 공격적인 말이나 태도에 흔들리지 않기 위해서는 먼저 그들이 감정적으로 우위를 점하지 못하도록 해야 한다. 그들이 제시하는 무리한 요구에 즉각적으로 반응하기 보다 냉정하게 상황을 분석하고, 어떻게 대처할지 이성적으로 판단하는 것이 중요하다. 때로는 그들의 분노나 불만이 우리의 통제 범위 너머 있다는 사실을 인정하고, 감정적으로 휘둘리지 않는 것이야말로 자신을 보호하는 방법이다.

또한, 무감각하게 대하는 것은 곧 프로페셔널리즘을 지키는 것과도 연결된다. 우리는 일을 하면서 고객과의 관계에서 인간적인 존중과 배려를 주고받길 원하지만, 그것이 항상 이루어지지는 않는다. 그럴 때일수록 더욱 철저히 자신의 역할에 집중하는 것이 필요하다. 감정적인 부분은 차치하고, 문제 해결에만 초점을 맞추는 것이다. '갑질' 고객에게 너무 많은 감정을 소비하는 대신, 그들의 요구가 정당한지, 해결 가능한지에만 집중하면 된다.

이러한 태도를 유지하기 위해서는 무엇보다도 자신을 소중히 여기는 마음가짐이 필요하다. 우리는 직장에서 고객에게 서비스를 제공하는 '직원'이기 이전에, 자존감과 존엄성을 가진 '사람'이다. 아무리 서비스 업계에서 '고객이 왕이다.'라는 말이 상식처럼 여겨지더라도, 그들이 우리에게 무례하게 굴거나, 부당하게 대우할 권리는 없다. 사람은 누구나 감정과 존엄을 지킬 권리가 있다.

미용실을 운영할 때 한 기업가의 아내가 자주 방문하곤 했다. 그녀는 남편 회사의 당시 직원들에게 소나타 자동차를 33대나 사줄 정도로 권위 의식이 강한 사람이었다. 그 시절에는 예약 제도가 없었기 때문에 손님이 오는 순서대로 서비스를 제공했다. 그녀는 재력가였음에도 불구하고 팁은커녕, 요금을 깎으려고 했다. 그뿐만 아니라, 파마를 할 때도 가장 저렴한 서비스를 고집했다.

우리 미용실은 저렴하든 고급 서비스든 상관없이 일의 분업화가 잘 되어 있어, 각자가 맡은 분야에서 일했다. 나는 주로 앞머리 컷트를 담당했는데, 그녀는 늘 나에게 자신의 머리 전체를 맡아달라고 요구했다. 내가 맡지 않으면 꼭 직원을 울릴 정도로 갑질했고, 손가락질하며 무례하게 구는 일이 다반사였다. 심지어 원장을 불러내라며 큰소리를 치기도 했다.

하지만 나는 절대 목소리를 높이지 않았다. 고객은 '님'이고, 하늘과도 같은 존재라고 생각했다. 나 자신을 낮추는 것이 아니라, 진정한 서비스 정신을 지키기 위해서였다. 비록 갑질하는 손님이 많았지만, 그들이 나를 먹여 살리고, 성장하게 만드는 존재라고 생각했다. 고객의 모든 행동이 나에게는 배움의 기회였고, 어떤 손님도 나에게는 스승이었다.

우리 미용실에서는 직원들끼리도 서로를 존중하며 '선생님'이라고 불렀다. 지금부터 40여 년 전 다른미용실에서는 '언니'나 '오빠' 어르신이라고 부르는 것이 일반적이었지만, 우리는 그런 호칭 없이 모두를 '고객님'으로 대했다. 이처럼 나는 손님을 대할 때에도, 동료를 대할 때에도 존중과 서비스 정신을 잃지 않기 위해 항상 노력했다.

어느 날, 그 기업가의 아내는 또다시 가게에 찾아왔다. 그날도 여느 때와 다르지 않았다. 처음 배정된 직원을 마음에 들어 하지 않더니, 결국 그 직원을 울리고 말았다. 그래서 나는 다른 직원으로 교체했지만, 그마저도 불만족스럽다고 해서 또다시 바꿔주었다. 결국, 그녀는 끝내 만족하지 못했고, 내가 직접 나서서 서비스해야만 했다.

저녁 회의 시간만 되면 그녀가 단골로 진상 손님 1위에 올랐다. 직원들 모두가 그녀의 방문을 두려워했고, 매번 진이 빠지곤 했다. 그러나 서비스업의 특성상 손님에게 '오지 말라' 할 순 없었다. 손님은 우리 가게를 찾는 이유가 있고, 우리가 마땅히 해야 할 일은 그들에게 가능한 최고의 서비스를 제공하는 것이었기 때문이다.

단순히 감정적으로 대응하지 않고 상황을 분석해 이성적인 대책을 세웠다. 그녀가 방문할 때 매니저에게 지시를 내렸다. "그 손님이 오면 매번 순서를 밀어서 4~5시간 후에 가능하다고 안내해 주세요. 손님이 빨리해달라고 요청해도 그 시간을 철저히 지키세요."라고 했다.

시간이 지나자 그녀는 더 이상 참지 못하고 고함을 치기 시작했다. 나는 그 순간에도 침착하게 하던 일을 끝내고, 그녀를 따로 연구실로 불렀다. 당시 나는 매우 바쁜 상황이었고, 일분일초가 아까운 시간이었다. 그럼에도 불구하고 그녀와 대화를 나눠야겠다고 생각했다.

"고객님은 정말 수준도 높고 괜찮은 분이십니다. 하지만 여기 계시면 앞으로 고객님이 세 시간을 더 투자해야 할 것 같습니다. 저는 모든 고객을 상대할 수 없으며, 직원들도 성장할 수 있도록 도와야 합니다. 다른 직원들도 자격증이 있고 실력도 좋습니다. 그런데 왜 고객님은 그들을 막 대하여 울리십니까? 그들도 집에 가면 귀한 자식들입니다. 고객님께서 창피를 주시면, 직원들도 고객님에게 다가가려 하지 않을 것입니다. 울산에는 3,000개가 넘는 미용실이 있습니다. 고객님이 만족할 정도로 수준에 맞는 미용실로 가시기를 권유해 드립니다."

그녀는 나의 말을 듣고 "내 머리를 못 해주겠다는 거네."라고 한 마디로 대답했다.

나는 침착하게 설명했다.

"고객님이 만족을 못 하시니 잘하는 곳으로 가시라는 겁니다. 처음부터 끝까지 모든 과정을 맡아주는 원장이 있는 곳도 많습니다. 저는 고객님에게 다른 곳으로 갈 자유를 드리려는 것입니다."

그 대화를 마치고 난 후, 그녀는 조금 과격한 반응을 보였지만, 나는 그 순간이 지나간 후에도 냉정함을 유지했다.

그날 저녁 회의에서는 팀원들에게 이렇게 말했다.

"갑질 고객에게는 감정 낭비를 하지 말고, 무감각하게 대응하자. 그것이 프로다."

나는 팀원들에게 자신을 보호하고, 감정적으로 휘둘리지 않는 것이 얼마나 중요한지 강조했다. 고객의 행동에 반응하기보다는, 문제를 차분하게 분석하고 대처하는 것이 우리가 성장할 수 있는 길임을 분명히 했다. 고객과의 관계에서 우리는 항상 존중과 서비스 정신을 잃지 않아야 하지만, 우리의 한계를 지키는 것도 동등하게 중요하다. 그런 태도가 결국 우리를 더 나은 서비스 제공자로 만들어 줄 것이다.

그 고객이 1년 뒤에 다시 나타났을 때, 나는 과거의 기억이 되살아났다. 그녀는 여전히 갑질을 이어갔고, 나는 어쩔 수 없이 그녀를 다시 못 오게 해야 했다. 그런 일이 반복되면서, 그녀는 한동안 나타나지 않다가 또다시 돌아왔다. 그렇게 세 번의 반복이 있었고, 그 모습을 보면서 '물귀신' 같다는 생각이 들었다. 그녀의 방문은 마치 끝없이 반복되는 인내의 시험처럼 느껴졌다.

하지만 어느 순간, 나는 그녀가 불쌍하고 가엾다는 생각이 들었다. 남편이 그녀를 여성으로 보지 않거나 사랑해 주지 않는 상황에서, 그녀는 자기 불만에 싸여 왕 대접을 받고 싶어 하는 것이 아닐까 하는 생각이 들었다. 그녀는 뭔가 외롭고, 마음이 가난하여 결핍이 있는 듯 보였다. 그래서 나는 직원들에게 그녀에게 잘 대해주라고 당부했다. 그러면 그 고객이 느끼는 감정적인 결핍이 조금이나마 채워지지 않을까 해서였다.

지나고 나니 직원들은 교육상 테스트 할 때 외엔 내가 냉정하고 단호할 때는 화내는 모습을 한 번도 보지 못했다고 말했다. 나는 CS 매너에서 화를 내서는 안 된다는 것을 알고 있었기 때문이라고 말했다. 결국, 그 고객은 나에게 인내의 스승이 되었다. 그녀를 통해 감정을 통제하는 법과 서비스의 본질을 더욱 깊이 이해하게 되었다.

시간이 흐르고 명절이 되면, 그녀는 나에게 선물을 가져오곤 했다.

"이 원장님은 대단해요. 머리도 잘하고 내 성격도 받아 주는데, 여기밖에 없잖아요."

라고 말했다. 그러면 나는 "이쁜 것들은 다 그래요."라고 농담 섞인 말을 하며 웃기도 했다.

우리는 서로 간의 관계가 조금씩 깊어지며, 미운 정도 정이라는 말처럼 친밀해졌다. 때로는 그녀의 행사에 참석하기도 했다.

갑질 고객에게 무감각하게 대한다는 것은 감정을 억누르고 무시하라는 것이 아니라, 그들의 부당한 요구에 흔들리지 않고 냉정하게 대처하는 능력을 기르라는 것이다. 무엇보다 중요한 것은 우리의 자존감을 지키고, 그들의 말이나 행동에 휘둘리지 않는 것이다. 설령 욕을 하더라도 무감각하게 대하며 현명하게 대처하는 것이 필요하다. 누구도 나를 정의할 수 없다. 나만이 나를 정의할 수 있다는 사실을 깊이 새겨야 한다.

그러한 과정을 겪으며 나는 고객과의 관계에서 성장했고, 더욱 강한 내면을 가지게 되었다. 그리고 직원들도 내가 보인 모습을 통해 서로를 존중하는 법을 배웠던 것 같다.

어느 날, 열네 살
여학생 고객이
나의 스승이 된 사연

"인생은 서비스다"라는 말은 내가 만나는 모든 사람, 즉 모든 개인과의 관계에서 서비스의 중요성을 강조하는 말이다. 이 서비스는 단순히 물리적인 도움이나 지원을 넘어, 사람들과의 감정적인 유대감, 이해, 그리고 배려를 포함한다.

이 개념을 더욱 깊이 이해하게 된 계기는 H라는 사람을 통해서였다. H는 처음 만났을 때 심신의 어려움으로 힘들어했다. 그녀와 인연을 맺으면서 '인생은 서비스'라는 생각이 '한 사람의 인생을 바꿀 수도 있구나!'라고 생각했다.

토탈뷰티샵을 할 때 매주 토요일마다 찾아오는 손님이 있었다. 그녀는 열네 살의 여학생으로, 처음에는 부유한 집의 딸처럼 보였다. 어느 정도 시간이 흐른 뒤부터는 매일 드라이받으러 왔다. 당시 매일 드라이 받으러 오는 손님은 보통 다방 종사자, 선생님, 행사 가는 주부들, 저녁에는 접객부들이었다.

그 학생은 깨끗한 피부를 가졌고 약간 반항기가 있는 모습이었다. 당시 드라이 요금이 2,500원이었는데, 어느 날 그녀는 화장대 위로 동전을 던졌다. 그런데 그 순간, 500원짜리 농선이 튕겨 내 눈에 맞았다. 미용사로서 자존심이 상하고, 서러움이 밀려와 눈물이 핑 돌았다.

그다음에 나도 모르게 여학생의 뺨을 때리고 말았다. 나는 태권도 2단이라 맞는 순간, 그녀는 휘청이며 쓰러졌다. 그리고 그녀의 멱살을 잡았다. 그 순간, 주변의 40여 명의 손님이 나를 바라보았다.

"학생, 아무리 미용실을 하지만, 너 같은 어린애가 매일 살롱 머리를 하고 짙은 화장을 하는 데는 서비스는커녕, 아무리 돈을 많이 주어도 시술을 해줄 수 없다. 다른 곳으로 가라" 라고 말하며 단호하게 쫓아냈다. 처음으로 반말을 사용한 순간이었다.

"당장 나가, 억울하면 경찰에 신고해. 내가 책임진다."

그 이후로 그 학생은 미용실에 오지 않았다.

나는 업소 아가씨들이 미용실에 오면, 항상 그들을 따뜻하게 맞이했다. 소고기를 넣고 해장국을 끓여서 모두가 함께 나눠 먹도록 했다. 그들은 가족과 떨어져 살아가는 경우가 많았고 어떤 이들은 동생의 학비를 마련하기 위해 힘들게 일하기도 했다. 미용실

안에는 마사지 침대가 16개 있었고, 잠잘 곳이 없는 업소 아가씨들이 그곳에서 잠을 잘 수 있도록 했다. 그들에게 잠시나마 편안함을 주고 싶었다.

6개월 후, 그 학생이 거봉이 가득 담긴 상자를 들고 찾아왔다. "원장님, 제가 잘못했어요."라며 마치 어린 양처럼 수줍게 말했다. 그녀에게 잠시 기다리라고 하고, 영업이 끝난 후 연구실로 들어가 이야기를 나누었다.

그녀의 이야기를 들으며 나는 마음이 아팠다. 자신을 낳을 당시 아버지는 17세였고 어머니는 52세의 일본인이었다고 한다. 그녀가 두 살 때 어머니는 일본으로 떠났다고 했다. 아버지는 나이트클럽과 유흥업소에서 일하며 떠돌아다녔고, 그녀는 고모 집에 얹혀살았으나 고모도 유흥업소에서 일하느라 그녀를 돌보지 않았다.

그녀는 초등학교 5학년 때부터 신정동의 한 술집에서 일을 시작했다. 미성년자였기에 불법이었지만 술집 사장은 딸을 맡길 곳이 없어 자신을 데리고 왔다고 손님들에게 설명했다. 그녀는 옳고 그름을 판단할 수 없는 열악한 환경에서 성장했으며, 눈물겨운 현실을 보여주었다.

사연을 들으니 안타까운 마음이 들었고, 감정이 복받쳐 눈물이 흘렀다. 당시 나는 젊은 나이라 어떻게 도움을 줄 수 있을지 막막

했지만, 그래도 그녀의 미래가 걱정되었다. 그래서 "우리 집에 와서 미용을 배워라."라고 제안했다. 유흥업소 여사장도 그렇게 하는 것이 좋겠다고 말했다.

그 학생을 주방 이모 집에서 머물게 했다. 그리고 그녀에게 CS 매너 교육과 미용 기술을 가르쳤다. 그녀는 고객 응대를 매우 잘해냈다. 기술을 배우는 것도 빠르고 머리가 비상하여 나를 깜짝 놀라게 했다. 몇 개월 동안 근무하며 미용실의 일에 재미를 느끼는 듯했다.

하지만 문제가 생겼다. 당시 직원이 10명이었는데, 그들이 퇴근 후 노래방으로 몰려다니며 술을 마시는 일이 잦아졌다. 처음에는 그 사실을 몰랐으나, 어느 날부터 직원들이 일할 때 힘이 없고 시술에 문제가 생기기 시작하여 알아보니 그렇다는 것이다.

10명의 직원 중 8명이 서로 퇴근하여 술 마시러 다니는 상황이었고, 이는 업무에 지장을 주어 결국 8명의 직원을 모두 해고하기로 결심했다. 그러나 두 명은 나에게 사정사정하여 한 번 더 기회를 주기로 하고 6명만 잘랐다. 그리고 그녀는 가게를 떠났다.

몇 년 후, 그녀가 17세가 되었을 때, 임신 7개월로 다시 찾아왔다. 그녀의 아버지도 17세에 자신을 낳았던 만큼, 그녀도 그 전철을 밟은 것이었다. 그녀는 32세의 남자와 관계를 맺었고, 그 남자는 건축 현장에서 일하는 사람이라고 했다.

당시 그녀는 술집에 나갔다가 미성년자 단속에 걸려 가게가 문을 닫게 되었고, 그 이야기는 뉴스에까지 나왔다. 술집에 갈 수 없게 되자, 다방에 다녔는데, 그곳에서 공사 현장에서 일하는 남자를 만나게 된 것이다. 이제 그녀는 그 남자를 따라 인천으로 간다고 했다. 떠나기 전에 내가 생각나서 찾아왔다고 말했다.

나는 기가 막혀서 아무 말도 할 수 없었다. 그럼에도 불구하고, 그 남자에게 H를 잘 부탁한다고 당부했다. 그 남자는 너무 사랑하니 걱정하지 말라고 했다. 내가 감당하기 어려운 상황에 대해 무기력함이 느껴졌고 속으로 울면서 H를 보냈다. 그녀의 미래가 걱정스러웠지만, 내가 할 수 있는 것은 그저 응원하는 것뿐이었다.

그 후 H는 매일 나에게 편지를 보내왔다. 그녀는 단칸방에서 아이를 낳고 시부모와 함께 산다고 했다. 그런데 남편은 일은 하지 않고 놀기만 하며, 때때로 손찌검까지 한다고 털어놓았다. 그녀는 구슬을 꿰고 인형의 눈을 붙이는 일을 밤낮으로 하며 생활비를 번다고 적었다. 또, 너무 배가 고프다는 내용도 함께 전했다.

그녀의 편지를 읽을 때마다 마음이 아프고 걱정이 컸다. 그래서 나는 일주일에 한 번 정도 답장을 보냈다. 편지에는 "아이도 생겼으니 이제 책임감 있게 살아야 해. 절대로 그 아이를 버리지 말고 잘 키워야 해"라는 긍정적인 메시지를 담았다. 힘든 상황에서도 희망을 잃지 않기를 바라는 마음을 전하고 싶었다.

시간이 지난 어느 날, 밤에 자고 있는데 갑자기 창문을 두드리는 소리가 들렸다. 눈을 비비고 보니, 인천에 있어야 할 H가 맨발로 찾아온 것이다. 그 모습을 보고 놀랐다. 그녀의 얼굴과 형체는 영양실조에 걸린 소말리아 사람처럼 보였고, 거의 해골처럼 보여 무서운 느낌마저 들었다.

나도 모르게 국솥에 국을 얹고 불을 켰다. 한때의 인연이었던 그녀를 이렇게 마주하게 되니 여러 가지 감정이 교차하며 눈물이 났다. 그동안 편지로 든 걱정이 현실로 다가왔고, 그녀의 고통이 가슴 깊이 와닿았다.

부모도 없고 고모에게 맡길 수도 없었다. 그래서 전처럼 가게에서 그녀를 교육하며 일을 시켰다. 그러니 사람 모습이 되었다. 그런데 어느 날부터 여러 명의 남자 손님이 찾아오고 나중에는 의사까지 와서 그녀에게 고백하는 것이었다. 명절 때마다 나의 선물까지 챙겨 왔다. 그녀는 나에게 또다시 골칫덩어리가 되었다. 고객과 다른 직원들 보호차원에서 결단을 내렸다. 그녀는 다시 떠났다.

2년이 지난 뒤, H는 60대 남성과 결혼하겠다고 아버지 같은 사람을 데리고 왔다. 그 남자는 나에게 허락을 구했고, 나는 그녀의 행복을 기원했다. 그녀는 남편과 함께 외제 차를 타고 결혼식도 화려하게 치르며 상류층의 삶을 누리기 시작했다. 스승의 날이나 어버이날이면 남편과 함께 찾아왔고 좋은 식당에서 소중한 시간을 가졌다. 그녀는 아이를 낳고 풍족하게 살았고, 삶이 순탄하게 흘러가는 듯 보였다.

하지만 어느 날, 남편에게서 전화가 왔다.

"집사람 안 왔어요? 집 나간 지가 3일째인데 걱정되어서 전화했어요. 아이도 짐도 두고 연락이 안 돼요."

그 순간, 불길한 예감이 들었다. 그리고 3개월 후, 그녀는 거지꼴로 나를 찾아왔다. 채팅으로 알게 된 젊은 남자와 함께 지냈다고 했다. 그녀는 집에 들어가고 싶은데 겁이 나서 전화를 못 하겠다며, 남편에게 전화해 달라고 요청했다. 나는 마음이 무겁고 망설여졌다. 결국 나는 그녀의 남편에게 전화했고, 그 남편은 아이가 있으니 용서해 주겠다고 말했다. 그는 "자신이 부족해서 아내가 집을 나갔다고 이제부터 잘하겠다."라고 말하며 그녀를 데려갔다. 그 후, 그녀는 모든 것을 압수당하고 집안에서 주방 아줌마로 강등되어 힘든 생활을 했다.

세월이 흐르고, 시간이 지나 그녀는 다시 나를 찾아왔다. 그녀는 나와 많은 시간을 함께하고 교육으로 인해 변화 되었다. 스피치와 표정, 말솜씨가 훌륭해졌고, 매주 한 번씩 나에게 트레이닝을 받으며 성장했다. 6개월이 지나자 그녀는 나보다 더 뛰어난 실력을 갖추게 되었다. 그녀는 아로마 명강사가 되었다. 그리고 전국을 돌며 성공한 강사로 활동하고 있다. 또한, 환경이 열악한 청소년들에게 꿈을 주고 있다.

그녀는 나를 잊지 않고 찾아와 고마움을 표현했다. 그녀는 내가 경험하지 못한 삶의 스승이 되어주었다. 그녀의 변화는 인간의 가능성과 회복력, 그리고 사랑과 지원이 가져다줄 수 있는 긍정적인 변화를 다시 한번 일깨워 주었다.

인생은 서비스다. 내가 만나는 모든 사람은 나의 고객이라 생각하고 그녀를 대한 것이 그녀의 인생을 바꾸게 만든 것에 일조했다는 생각이 들었다. 그리고 '인생은 서비스'라는 생각이 더욱 확고해졌다. 나는 만나는 한 사람 한 사람 모두를 고객처럼 대하며 오늘도 살아가고 있다.

늦게 피어도 피지 않는 꽃은 없다. 그녀의 인생이 변한 것은 그녀도 나도 서로를 포기하지 않은 결과였다. 그리고 어릴 때, 그녀에게 한 CS매너 교육이 세월이 흘러 늦게라도 꽃이 피었다.

05

경력단절 주부에서
사회적 기업가로
- 김지현 님의 성공 이야기

김지현 님은 평범한 가정주부로 출산 후 경력 단절을 겪었지만, 이 경험을 계기로 새로운 도전에 나서 사회적 기업가로 성장한 성공적인 모델이다. 그녀의 이야기는 경력 단절 후에도 자신을 다시 일으키고, 끊임없이 배워나가며 삶을 개척한 사례로, 많은 경력 단절 여성에게 용기를 준다.

김지현 님은 첫 아이를 출산한 후 경력이 단절되며 커리어에 대한 큰 갈등을 겪었다. 아이를 돌보는 동안 직장으로 돌아가는 길이 막막해 보였고, 사회적 역할을 잃어버렸다는 상실감이 그녀를 짓누르기 시작했다. 하지만 주저앉지 않았다. 오히려 경력 단절의 시간을 자신을 위한 재충전의 기회로 삼기로 했다.

먼저 자신이 좋아하고 잘할 수 있는 것부터 찾기 시작했다. 우연히 참여하게 된 풍선 아트 수업은 그녀의 삶을 변화시키는 계기가 되었다. 풍선 아트는 단순한 취미에서 끝나지 않았다. 김지현 님은 자신의 재능을 발휘해 아이들과 청소년을 위한 다양한 멘토 활동을 시작했고, 이를 통해 자신의 가치를 재발견하게 되었다. 또한, 주부들을 대상으로 공예품 만들기 강의를 열어 작지만 의미 있는 첫 사업을 시작하며 사회와 다시 연결되기 시작했다.

사회적 기업가로서의 성장

김지현 님은 주부로서의 첫 도전을 발판으로 다양한 사업을 운영하기 시작했다. 그녀의 열정과 꾸준한 노력은 마침내 정부로부터 사회적 기업으로 선정되는 성과로 이어졌다. 사회적 기업으로의 성장은 김지현 님의 삶뿐만 아니라 지역 사회에도 큰 변화를 불러왔다.

김지현 님은 단순히 사업을 성공시키는 것에 그치지 않고, 일자리를 찾지 못하는 주부들에게 일할 기회를 제공했다. 그녀의 사회적 기업은 주부들이 자신감을 회복하고 경제적 자립을 할 수 있는 발판을 마련해 주었고, 주부들 사이에서 큰 호응을 얻었다. 또한, 교육 프로그램을 통해 여성들에게 실질적인 기술과 역량을 가르치며 그들의 미래를 위해 지속해서 기여했다.

멘토의 역할을 확장하며, 김지현 님은 자신의 경험을 바탕으로 많은 경력 단절 여성들에게 도전과 용기의 중요성을 전달했다. 그녀는 경력 단절이 끝이 아니라 새로운 시작이 될 수 있음을 자신의 삶을 통해 증명하여 그들에게도 스스로를 다시 일으킬 힘을 심어주었다.

청소년 돕기와 봉사 활동의 확장

김지현 님의 도전 정신은 사회적 기업을 운영하는 데에만 그치지 않았다. 그녀는 라이온스 및 로터리 클럽에 적극적으로 참여하며, 청소년을 위한 봉사활동에 힘을 쏟았다. 자신의 경력단절 경험을 바탕으로 청소년들에게 더 나은 미래를 제시하고 올바른 길을 걸어가도록 돕는 일에 헌신했다.

특히 어려운 환경에 놓인 청소년들에게 멘토로 다가가 그들의 꿈과 목표를 응원해 주었다. 김지현 님은 자신의 이야기를 청소년들에게 들려주며, 실패가 끝이 아니라 새로운 도전의 시작이라는 교훈을 심어주었고, 그들은 그녀의 말을 통해 용기와 힘을 얻었다.

김지현 님의 도전 정신과 '먼저 다가가기' 철학

김지현 님의 성공 비결 중 하나는 '먼저 다가가기' 정신이었다. 그녀는 누구보다 먼저 손을 내밀고, 먼저 인연을 만들어 나갔다. 사람들이 먼저 다가오기를 기다리기보다는, 자신이 주도적으로 사람들과의 관계를 형성하며 기회를 만들었다.

항상 주위 사람들에게 먼저 다가가며 도움을 주었고, 그런 진심은 자연스럽게 존경과 신뢰로 이어졌다. 그녀의 '먼저 밥 사기' 철학도 그 연장선에 있다. 사업을 시작할 때도, 멘토의 역할을 할 때도, 그녀는 언제나 먼저 다가가 관계를 형성하고, 자신의 자리를 만들어갔다. 이런 태도는 사업의 성장을 이끌고, 사람들과의 유대 관계를 공고히 하는 중요한 원동력이 되었다.

성공을 향한 끊임없는 도전

김지현 님의 큰 강점 중 하나는 끝없는 학습과 자기 성장에 대한 갈망이었다. 주부로서 경력이 단절된 순간에도 그녀는 배우기를 멈추지 않았다. 처음에는 풍선 아트라는 작은 취미에서 시작했지만, 이는 그녀의 새로운 도전을 위한 디딤돌이 되었다. 그녀는 새로운 분야에 끊임없이 도전했고, 그 과정에서 자신을 더욱 성장시킬 수 있었다.

김지현 님이 운영한 작은 사업들은 하나하나 성공으로 이어졌다. 각 사업에서 배운 교훈과 경험들은 그녀를 더욱 단단하게 만들었고, 그 모든 경험이 모여 오늘날의 그녀를 이끌었다. 그녀는 도전할 때마다 실패를 두려워하지 않았으며, 실패에서 오히려 더 많은 것을 배울 수 있다는 믿음으로 꾸준히 나아갔다.

김지현 님의 성공 모델은 경력 단절을 겪은 많은 주부에게 희망을 안겨 준다. 단순히 주부의 역할에 머물지 않고, 자신의 가능성을 발견하고 발전시켜 나가며 사회적 기업가로 성장했다.

06

아가페 의식
– 감성 스피치 리더십과 CS 매너의 조화

아가페 촛불 의식의 의미

아가페 의식은 감성 스피치 리더십 최고경영자 과정의 수료식에서 진행되는 중요한 의식이다. 촛불 하나에서 시작하여 참여자들에게 하나씩 불을 옮겨가며 삶의 여정을 상징하는 장면을 연출한다. 이 의식은 긍정의 힘을 강조한다. 수많은 역경 속에서도 긍정 초긍정, 절대긍정, 완전긍정, 무한긍정의 단계를 거칠 때 긍정이 다섯 번이면 만사형통의 기적이 일어날 수 있음을 일깨운다.

이 과정에서 삶에 영향을 준 사람들, 나를 가르쳐준 사람들, 나를 응원해 준 사람들에 대한 감사와 더불어, 나를 힘들게 한 사람들, 나를 미워한 사람들을 용서하는 시간을 가진다. 이러한 의식은 선한 영향력을 통해 모두가 행복한 성장과 성공을 이룰 수 있기를 바라는 마음을 나누는 시간이다.

감성 스피치와 CS 매너 서비스의 연관성

CS 매너 서비스에서도 이러한 긍정의 원칙은 중요한 역할을 한다. 긍정의 태도는 고객 응대에서 필수적인 요소다. 고객을 대할 때 단순한 서비스를 넘어 긍정적인 에너지를 전달함으로써 고객과의 신뢰 관계를 구축할 수 있다.

아가페 의식에서처럼, 고객에게도 감사하는 마음을 표현하는 것이 중요하다. 고객이 서비스를 이용하는 순간부터 그들에게 감사함을 전할 때, 고객은 그 진정성을 느끼고 다시 찾아올 것이다.

때로는 고객과의 갈등이 생길 수 있다. 그러나 아가페 의식에서 배운 용서와 화해의 정신을 바탕으로, 고객과의 관계를 회복하고 더 나은 서비스 경험을 제공할 수 있는 기회로 삼아야 한다.

삶의 성장을 위한 원훈과 실천

수업 시작과 마무리 시, 그리고 외부 강의나 행사에서 사진을 찍을 때, 좋은 생각. 밝은 미소. 책임행동 "나 OOO는 할 수 있다,

할 수 있다, 할~수 있다!"를 외치며 긍정의 메시지를 전달한다. 이 원훈은 좋은 생각, 밝은 미소, 책임 있는 행동을 강조하며, CS 매너에서도 고객에게 밝고 긍정적인 이미지를 심어주는 중요한 방법이다.

긍정적인 말과 제스처를 교육한다. 교육과 강의에서 강조하는 이 원훈은 고객 응대에서도 적용될 수 있다. 밝은 미소와 긍정적인 말 한마디가 고객에게 줄 수 있는 긍정적인 영향력은 서비스의 질을 높이는 중요한 요소다.

감성 스피치와 CS 매너의 시너지

아가페 촛불 의식을 통해 우리는 긍정과 감사, 용서의 정신을 배우고, 이를 실생활과 서비스에 적용할 수 있다. 이러한 감성 리더십 스피치는 단순히 말로 끝나는 것이 아니라, 우리의 태도와 행동을 바꾸는 강력한 힘을 가진다. 긍정의 힘을 통해 우리는 고객에게 더 나은 서비스를 제공하고, 더 나아가 성공적인 삶을 이끌어 나갈 수 있다.

"

소통과 화합은 개인 간,
조직 내, 그리고 사회 전체에 걸쳐
평화롭고 생산적인 관계를
형성하는 데 필수적이다.

"

CHAPTER
04

4장

성공을 부르는
CS 매너 십계명

01

1계명,
누가 고객인가요?

고객은 단순히 외부에서 제품이나 서비스를 구매하는 사람만이 아니라, 내 일의 결과를 사용하는 모든 사람을 포함한다. 이를 내부고객과 외부고객으로 나누어 볼 수 있다.

내부고객은 회사 내 사람을 말하며 직장 동료, 상사, 부하직원 등이 해당한다. 그들의 만족은 나의 업무 효율성과 성과에 직결되므로, 내부고객을 잘 이해하고 배려하는 것이 중요하다.

외부고객은 외부에서 내 일의 결과로 완성된 상품이나 서비스를 구매하거나 사용하는 사람들이다. 이들은 회사의 매출과 직접 연결되기 때문에 많은 기업이 이들에게 초점을 맞추고 있다. 요약하면, 고객 만족은 내부에서부터 시작되어야 외부로도 긍정적인 영향이 미친다는 점이 핵심이다.

환자인가? 고객인가?

병원을 찾는 사람을 '환자'로 부르느냐 '고객'으로 부르느냐가 개원의 성패를 좌우한다. 의료행위가 단순한 의술을 넘어, 서비스와 경험의 요소가 포함된다는 점에서 이를 고려한 환자 만족도가 중요한 요인이 된다.

첫째, 환자를 고객으로 인식해야 한다. 의료는 의술을 기반으로 하지만, 그에 못지않게 중요한 요소가 바로 환자에게 제공되는 서비스다. 환자는 단지 치료를 받는 것이 아니라, 의사와 병원으로부터의 친절한 설명, 신뢰, 편안함 등을 기대한다.

둘째 고정 고객을 확보해야 한다. 많은 우수한 기업들이 고정 고객의 비율을 성공의 지표로 삼듯이, 병원에서도 환자가 재방문하게 하는 것이 중요하다. 고정 고객은 병원의 신뢰도를 높이고, 안정적인 매출을 보장한다. 고정 고객을 확보하려면 반복 방문이 중요한데, 한 번 병원을 찾은 환자가 그 병원을 다시 찾는다면 병원은 성장과 성공을 이어갈 수 있다. 하지만 반대로 환자가 외면한다면 병원은 어려움을 겪는다.

셋째 고객 만족 경영을 해야 한다. 의료 서비스 업계에서도 고객(환자) 만족을 중심으로 경영 방식을 개선하는 움직임이 늘고 있다. 일부 기업은 고객을 위한 가치 창출을 경영 이념으로 내세우기도 하고, LG처럼 결재란의 상단에 '고객 결재'란을 마련해 고객의 중요성을 강조하기도 한다.

넷째, 가까운 곳의 고객에게 집중한다. 멀리 있는 잠재 고객이 아니라, 바로 지금 우리 병원을 찾은 환자들이 중요하다. 이 환자들이 다시 찾아올 수 있도록 신뢰를 쌓고, 만족도를 높이는 것이 성공의 핵심이다.

따라서 환자를 단순히 치료 대상으로 보는 것이 아니라, '고객'으로 인식하여 서비스 차원에서 접근하는 것이 병원의 성패를 좌우할 수 있다. 병원을 예로 들었지만, 모든 일에서 적용할 수 있는 논리다.

고객 만족이란?

고객 만족은 단순히 일을 잘했다고 생각하는 나 자신의 판단이 아니라, 내 일의 결과를 사용하는 사람이 만족한지에 달려 있다. 그렇기에 내 일의 결과에 대한 고객의 긍정적 반응을 의미한다. 즉, 내가 얼마나 최선을 다했는지가 중요한 것이 아니라, 결과물을 사용하는 고객이 얼마나 만족하는지가 핵심이다. 그러므로 고객이 원하는 것을, 원하는 상태로, 원하는 때에 제공하는 것이 고객 만족에서 판단 기준이 된다. 예를 들어, 회사에서 보고서나 품의서를 작성할 때, 상사(내부고객)가 그 내용을 보고 "이게 아닌데"

라고 느끼면 불만족이지만, "좋다"라고 판단하면 고객 만족이 이루어진 것이다.

고객 만족은 내부고객과 외부고객 모두에게 같이 적용된다. 내부에서는 동료나 상사가 고객이 될 수 있고, 외부에서는 소비자나 거래처가 고객이 된다. 이 모든 고객의 만족이 중요한 이유는 이들이 직접적으로 일의 결과에 순응하거나 영향을 받기 때문이다.

고객만족도 = 상품 X 서비스 X 기업 이미지

고객이 느끼는 만족도는 제공되는 상품의 품질, 서비스를 제공하는 방식, 그리고 기업이나 조직의 이미지에 의해 결정된다. 이 세 가지 요소가 함께 작용하여 고객이 느끼는 종합적인 만족도를 형성하게 된다.

고객 만족의 법칙

굿맨(Goodman)[1]의 법칙은 고객 만족이 기업 성과에 어떤 영향을 미치는지를 명확하게 설명하며, 이를 통해 기업이 왜 고객

---

1)   굿맨(Goodman) 굿맨(GOODMAN) : 미국의 TAPP사의 회장이며 미국 정부의 용역을 받아 고객만족도를 조사하는 기관이다.

만족에 투자해야 하는지 보여주는 중요한 이론이다. 굿맨의 법칙은 세 가지 핵심 원칙으로 구성되어 있다.

제1의 법칙 – 불만족한 고객(불만 해결의 중요성) : 소비자가 불만을 제기하고, 그 불만이 해결된 경우, 해당 고객은 동일 브랜드를 다시 구매할 확률이 매우 높다. 반면, 불만이 있지만 이를 표현하지 않은 고객은 구매를 중단할 가능성이 크다.

제2의 법칙 – 구전의 효과 (불만족한 고객의 부정적 구전) : 불만 처리에 실패한 고객은 그 불만을 다른 사람에게 전파할 가능성이 크며, 이러한 부정적인 구전의 영향은 만족한 고객의 긍정적인 구전보다 2배 더 강력한 영향을 미친다. 이는 매출에 부정적인 영향을 끼친다.

제3의 법칙 – 소비자 교육의 효과(소비자 신뢰와 구전 파급) : 기업이 고객에게 제품과 서비스에 대한 교육을 시행하면, 소비자의 신뢰도가 높아지고 그 결과 호의적인 구전의 파급 효과를 기대할 수 있다. 또한 이러한 신뢰는 소비자의 상품 구매 의도를 강화해 시장 확대에 이바지하게 된다.

굿맨의 법칙은 기업이 고객 만족에 투자해야 하는 이유를 명확히 설명한다. 불만을 해결하여 충성 고객을 만들고, 부정적인 구전을 막고, 고객 교육을 통해 신뢰와 호의적인 구전을 유도함으로써 기업의 성과가 향상될 수 있음을 보여준다. 이러한 연구는 많은 기업이 고객 만족을 경영의 핵심 전략으로 삼게 된 중요한 이론적 기반이 되었다.

잘못된 상식

고객 만족과 관련된 퀴즈를 한번 풀어보자.

1) 만일 고객이 불만을 표시하지 않는다면 당신은 만족스러울 정도로 업무를 잘 수용하고 있다는 의미다. (O,X)

2) 고객을 한두 명쯤 잃는 것은 대수롭지 않은 일이다. (O,X)

3) 불평불만을 가지고 있는 고객들을 만족시킨다 해도 그들은 여전히 우리에 대해서 나쁘게 생각할 것이기에 우리는 고객을 잃게 되어있다. (O,X)

4) 고객은 회사에 대하여 불평불만을 제기하는 것을 즐기는 경

향이 있다. (O,X)

5) 불만을 제기하기 어렵게 만들면 사소한 문제로 인하여 골치가 아플 일은 없다. (O,X)

고객의 불만이 회사에 미치는 영향

불만 신고 고객 _명 X 실제 불만 고객 _명 X 구전효과 _명 X 매출액 = 손실액

고객은 왜 화를 낼까?

칼 알브레히트(Carl Albrecht)는 고객 서비스와 관리 분야에서 중요한 연구를 남긴 학자이자 경영 컨설턴트로, 특히 서비스 산업의 질을 분석하고 개선하는 데 기여한 인물이다. 그는 서비스 제공의 문제점을 체계적으로 분석하며, '서비스의 7대 죄악(The Seven Sins of Service)'이라는 개념을 제안하여, 서비스업에서 발생하는 반복적인 실수와 고객 불만의 공통 원인을 규명했다.

이 개념은 기업이나 서비스 제공자가 고객과의 상호작용에서 저지르는 실수를 분석한 것으로, 이로 인해 고객 불만이 발생하고

기업의 신뢰도가 손상될 수 있음을 강조한다. 7대 죄악이 고질적인 문제로 작용할 경우, 고객 충성도 하락과 비즈니스 실패로 이어질 수 있다고 경고했다.

서비스의 7대 죄악(The Seven Sins of Service)

무관심 (Apathy) – 고객 요구나 문제에 무관심하면. 고객은 무시당한다고 느끼며 불만이 생긴다.

냉정함 (Coldness) – 고객에게 불친절하면 고객을 소외시키고, 부족한 서비스로 이어진다.

무지 (Ignorance) – 고객의 질문이나 요청에 대해 제대로 된 답변을 하지 못하거나, 서비스 제공자가 필요한 정보를 모르고 있는 상태.

우유부단함 (Indifference) – 결정을 내리지 못하고 책임을 회피하는 태도.

조직의 경직성 (Rigidness) – 융통성 없이 규정이나 절차에만 얽매여 고객의 요구에 부응하지 못하는 것. 고객 맞춤형 서비스를 제공하지 못하는 상황이 자주 발생한다.

서비스 제공의 기계적 태도 (Robotic behavior) – 지나치게 공식적이거나 형식적인 태도로 일관하는 것. 고객의 개별 상황을 고려하지 않고, 서비스가 비인간적으로 느껴질 수 있다.

형식적 사과 (Tokenism) - 문제를 해결하지 않으면서 겉으로만 사과하거나 문제를 처리하는 시늉을 하는 것.

칼 알브레히트는 고객 중심의 서비스 제공을 강조했다. 그는 고객의 기대를 이해하고, 그 기대를 초과할 수 있는 서비스 제공이 성공적인 비즈니스의 핵심이라고 보았다. 이를 위해 조직의 모든 구성원이 고객의 요구에 민감하게 반응하고, 이를 해결하기 위한 융통성과 책임감을 느껴야 한다고 주장했다. 알브레히트의 연구는 오늘날에도 많은 서비스 업종에서 경영 혁신과 고객 만족 전략을 개발하는 데 중요한 이론적 토대가 되고 있다.

고객 만족을 위한 길은?

고객을 만족시키는 방법은 다양하지만, 여기서는 단계별로 짚어보도록 한다.

고객 만족 실천 4단계

실천 1단계 - 고객을 환영하라 → 미소를 보내고 환영의 말을 하며 고객의 이름을 불러라.

실천 2단계 – 고객의 요구를 파악하라 → 고객의 소리를 적극적으로 경청하고 핵심을 요약하여 표현하라.(고객의 기본적 욕구:이해, 환영, 중요한 존재로 인정, 편안함을 추구하는 욕구)

실천 3단계 – 기대 이상으로 제공하라 → 고객의 입장에서 생각하여 기대를 뛰어넘고, 지속적인 관심을 가져라.

실천 4단계 – 고객만족도를 측정하라 → 일의 결과를 알려주고 만족 여부를 확인하며 감사의 인사를 해라.

15초 동안 고객을 만족시켜라

1986년 1,000만 명의 고객이 각각 5명의 스칸디나비아 항공사 사원과 접촉했다. 1회의 응대 시간이 평균 15초였다. 따라서 1회 15초로 1년간에 5,000만 번 고객의 뇌리에 스칸디나비아 항공사의 인상이 새겨진 셈이다. 이 5,000만 번의 '진실한 순간'이 결국 스칸디나비아 항공사의 성공을 좌우하게 된 것이다. 순간이야말로 우리가 고객들에게 스칸디나비아 항공사를 택한 것이 가장 좋은 선택이었다는 사실을 고객에게 입증시켜야 할 때이다.

회사를 고객의 필요에 응할 수 있는 기업으로 만들기를 진심으로 원한다면 현장에서 멀리 떨어져 있는 부서에서 만들어진 규칙이나 지시서에 의존해서는 안 된다. 스칸디나비아 항공사를 대표해서 일하는 항공권 담당자, 기내 승무원, 화물 담당자 등의 최일선 사원에게 15초의 진실한 순간에 아이디어, 절정, 대책을 마련할 수 있는 책임과 권한을 위임할 필요가 있다. 만약 문제가 일어날 때마다 최일선의 사원이 조직의 지휘 계통을 거슬러 올라가서 결제를 받아야 한다면 진실한 순간의 귀중한 15초가 낭비되어 더 많은 고객을 확보할 좋은 기회를 상실하게 되는 것이다.

15초 = 진실의 순간 (Moments of Truth)

원래 투우 용어로서 '소의 숨통을 끊는 마지막 일격의 순간'을 의미한다.

정의–스웨덴의 마케팅학자 Richard Norman이 70년대 말 Service Management의 용어로 처음 사용하였다. CS(고객 만족)에서는 '고객과 접하는 최초 15초간의 서비스 활동으로 결정된다.'라는 것을 의미하며, '결정적 순간', '진실의 순간' '평가의 순간'이라고 표현한다.

성공 사례-SAS(스칸디나비아항공사)

SAS는 17년간 연속 이익을 얻었지만 1977년부터 80년까지 3천만 달러의 적자가 누적되었다. 1981년 SAS의 사장으로 취임한 39세의 Jan Carlson은 만성 적자에 허덕이고 있는 SAS의 재건을 위하여 R.Norman의 MOT [2]를 도입, 기업 경영에 활용하여 1년 만에 20억 달러의 매출과 7,100만 달러의 흑자를 실현하였다.

자기평가표

첫인상

A 항상 그렇다 (10점)

B 때때로 그렇다 (5점)

C 전혀 그렇지 않다 (0점)

체크 항목		점수
자신감	맡은 업무를 연구하여 자신감을 갖고 있는가? 회사에 대한 자신감과 긍지가 있는가?	
용모 및 복장	머리 : 매일 감는가? 비듬은 없는가? 앞머리는 고정되어 있는가? 뒷머리는 잘 정돈되어 있는가?	

---

2) MOT(Moment of Truth, 진실의 순간) 고객이 기업과 상호작용할 때 발생하는 중요한 순간을 의미.

용모 및 복장	얼굴 : 눈은 충혈되지 않았는가? 면도는 깨끗하게 한 상태인가? 얼굴엔 상처는 없는가?	
	구강 : 치아는 깨끗한가? 구취는 나지 않는가?	
	손 : 손톱은 짧은가? 손은 늘 청결히 하는가?	
	복장 : 구겨진 부분이나 얼룩은 없는가? 와이셔츠 깃은 깨끗한가? 넥타이는 바로 매어져 있는가? 주머니가 너무 불룩하지 않은가?	
	기타 : 부착물은 제대로 부착하고 있는지, 지나친 액세서리는 착용하고 있지 않은가, 구두는 항상 깨끗한가?	
표정	몸가짐은 단정히 하는가? 거울로 자기 표정을 점검하는가?	
감사	고객에게 감사하는가? 명랑하고 밝은 표현을 사용하는가?	
동작	기본 동작을 마스터하고 기민한 동작을 취하는가?	
당신의 점수는?		

CS 매너 체크리스트

1] 체크박스 스타일 도표

1. [　] 고객에게 밝은 미소로 인사하기

2. [　] 정중하고 예의 바른 언어 사용하기

3. [　] 고객의 의견에 귀 기울이기

4. [　] 자신감 있게 해결책 제시하기

5. [　] 고객에게 감사 인사 전하기

6. [   ] 긍정적인 바디 랭귀지 유지하기

7. [   ] 빠르고 정확하게 응대하기

8. [   ] 고객의 입장에서 생각하고 공감하기

9. [   ] 끝까지 책임감 있게 서비스 제공하기

2] 평가 점수 스타일 도표

1. 고객에게 밝은 미소로 인사하기 [   ]

2. 정중하고 예의 바른 언어 사용하기 [   ]

3. 고객의 의견에 귀 기울이기 [   ]

4. 자신감 있게 해결책 제시하기 [   ]

5. 고객에게 감사 인사 전하기 [   ]

6. 긍정적인 바디 랭귀지 유지하기 [   ]

7. 빠르고 정확하게 응대하기 [   ]

8. 고객의 입장에서 생각하고 공감하기 [   ]

9. 끝까지 책임감 있게 서비스 제공하기 [   ]

3] 서비스 평가 체크리스트

1. 고객에게 밝은 미소로 인사하기

매우 미흡 [　] 미흡 [　] 보통 [　] 우수 [　] 매우 우수 [　]

2. 정중하고 예의 바른 언어 사용하기

매우 미흡 [　] 미흡 [　] 보통 [　] 우수 [　] 매우 우수 [　]

3. 고객의 의견에 귀 기울이기

매우 미흡 [　] 미흡 [　] 보통 [　] 우수 [　] 매우 우수 [　]

4. 자신감 있게 해결책 제시하기

매우 미흡 [　] 미흡 [　] 보통 [　] 우수 [　] 매우 우수 [　]

5. 고객에게 감사 인사 전하기

매우 미흡 [　] 미흡 [　] 보통 [　] 우수 [　] 매우 우수 [　]

6. 긍정적인 바디 랭귀지 유지하기

매우 미흡 [　] 미흡 [　] 보통 [　] 우수 [　] 매우 우수 [　]

7. 빠르고 정확한 응대하기

매우 미흡 [　] 미흡 [　] 보통 [　] 우수 [　] 매우 우수 [　]

8. 고객의 입장에서 생각하고 공감하기

매우 미흡 [　] 미흡 [　] 보통 [　] 우수 [　] 매우 우수 [　]

9. 끝까지 책임감 있게 서비스 제공하기

매우 미흡 [　] 미흡 [　] 보통 [　] 우수 [　] 매우 우수 [　]

4] CS 매너 체크리스트

1. 인사 및 첫인상

- 밝은 미소

- 정중한 인사

- 눈 맞춤 유지

2. 경청과 소통

- 고객의 말을 끝까지 듣기

- 적절한 반응과 질문

- 명확한 설명 제공

3. 전문성

- 정확한 정보 전달

- 문제 해결 능력

- 최신 트렌드 파악

4. 고객 응대

- 친절한 태도

- 불만 처리 능력

- 후속 조치 안내

5. 피드백 수용
 - 고객의 의견 존중
 - 개선 의지 표현

02

2계명,
친절의 시작은 미소입니다

첫인상이 중요하다

사회생활에서도 첫인상이 아주 중요하지만, 고객과의 만남에서도 첫인상은 매우 중요하다. 첫 만남은 그 사람의 이미지를 좌우할 만큼 중요하다. 보통 이미지는 일차적 이미지와 이차적 이미지로 나뉜다.

일차적 이미지는 첫 만남에서 보여지는 느낌이다. 첫인상은 대개 4~5초 사이에 결정된다. 만약 이 짧은 시간에 잘못 보였다면 이것을 만회할 때 필요한 시간은 무려 40시간이 소요된다. 이차적 이미지란 생활해 나가면서 만들어지는 이미지를 뜻한다. "그 사람 사귀어 보니 진국이더구먼!", 이런 말이 나온다면 아마 2차적 이미지가 괜찮게 형성된 것이라 할 수 있다. 그런데 이 두 가지의 이미지 중에서 어떠한 것이 더 중요할까? 대상이 누구냐에 따라 답이 다르게 나올 것이다.

독자가 많은 고객을 대하는 업종이라면 아무래도 일차적 이미지가 매우 중요할 것이며 모든 사회생활에서도 일단은 일차적 이미지를 좋은 쪽으로 형성시켜야 한다.

상대방, 또는 고객에게 좋은 이미지란 어떤 것일까? 당연히 미소 띤 표정이라 할 수 있겠다. 대체로 사람을 쳐다볼 때 가장 먼저 보는 곳이 얼굴이기 때문에 표정이 무엇보다 중요하다. 활짝 웃고 있는 당신의 모습은 고객이 부담 없이 상품 판매와 연결할 마법이라 할 수 있다.

이미지 형성 조건

이미지는 여러 가지로 풀이될 수 있다. 부드러움, 온유함, 다정다감, 따스함, 유머스러움, 과묵함, 무뚝뚝함, 무서움, 공포스러움, 활발함, 명랑함, 쾌할함, 여우같은, 곰같은 등 말이다.

당신은 어느 유형에 들까? 혹시 과묵?

그렇다면 이런 다양한 이미지의 형태는 어떻게 다루어지는 걸까?

눈으로 보이는 시각적 요소	55%
소리로 구분되는 청각적 요소	38%
언어적 요소	7%

시각적 요소는 눈에 보이는 표정, 옷차림, 말할 때의 제스처 등이며 청각적 요소는 말할 때의 리듬, 어조, 목소리 등이다.

또 언어적 요소는 말의 습관, 단어의 선택, 대화의 내용 등을 의미한다.

웃는 얼굴에 침 못 뱉는다

어떤 위치에 있든, 무슨 일을 하고 있든지 회사에 찾아온 고객, 또는 나의 차를 타는 승객을 기분 좋게 맞이하는 것은 서비스의 기본자세이다. 나 하나의 불친절로 인해 회사 전체의 인상이 흐려질 수 있다는 점을 명심하고 직장에 찾아오는 손님, 승객을 밝은 표정과 교양 있는 행동으로 맞이해야 한다.

"웃는 얼굴에 침 못 뱉는다."라는 우리의 속담도 있듯이 항상 미소 띤 표정이 고객에게 편안함과 긴장감을 해소해 준다. 그러면 밝은 표정을 한번 지어 볼까?

예전엔 미소 짓기 하면 보통 "김치~" 라고 발음하면서 사진을 많이 찍었다. 하지만 발음에만 의존한다면 '치~' 라는 발음은 치아 모습이 아랫니, 윗니가 다 보이기 때문에 입술 모양이 일자형이어서 스마일의 입 모양이 되지 않는다. 그래서 요사이엔 "위스키~"라고 발음하며 미소 짓는다. '키-'라는 글자를 발음하게 되면 입술 끝자락(구각)이 가장 많이 올라가는 발음이 된다. '위스키'라는 단어 이외에도 '키~'로 끝나는 다양한 단어를 이용해서 미소 연습을 하면 많은 도움이 될 것이다. 위스키, 쿠키, 와이키키, 키키….

호감 가는 미소의 POINT

눈이 웃어야 한다.

입술 끝이 올라가야 한다.

치아가 윗니만 8~10개가 보여야 한다. 그래야지 입술 끝이 올라간다.

마음을 편하게 가지자. Open mind

미소 연습할 때 입술 끝이 떨어지지 않도록 손가락을 이용해서 계속 올리자.

안면 근육 이완 체조

밝고 매력적이며 호감 가는 표정을 만들기 위해서는 표정 훈련이 필요하다.

표정 훈련

풍부한 표정을 익히기 위해서 평상시에도 시간을 내어 연습해 보자. Smile을 익히기 위해서는 눈 주위, 입 주위 근육 운동이 중요하다. 안면 근육은 80여 개며 이 근육을 움직여서 만들 수 있는 표정의 수는 무려 7,000가지나 된다. 안면 근육 80여 개 중 미소 근육은 57개이며, 주로 입술 주위에 많이 분포되어 있다.

안면근육 운동을 시작해 보자.

눈썹

찡그린 표정의 눈썹을 만들어 본다.

웃을 때 표정의 눈썹을 만들어 본다.

손가락을 수평으로 눈썹에 닿을까 말까 한 정도로 자로 대고 눈썹만 상하로 올렸다 내렸다 한다.

눈, 눈두덩

조용히 눈을 감고, 마음을 안정시킨다.

반짝 눈을 뜨고 눈동자를 "오른쪽 - 위 - 아래 - 왼쪽"으로 굴린다.

눈두덩이에 힘을 주어 꼭 감는다.

깜짝 놀란 표성으로 눈과 눈두덩을 올린다.

곤란할 때의 표정으로 미간에 힘을 준다.

입, 뺨

발음을 겸하여 "아-에-이-오-우-에-"하고 크게 입을 벌린다.

입을 다물고 뺨을 부풀린다.

부풀린 뺨으로 입을 좌우로 재빨리 반복적으로 움직인다.(양치질할 때 가글모습)

입가를 옆으로 최대한 당긴다.

입술을 뾰족하게 내미는 것을 반복한다.

턱, 코

아래턱을 오른쪽, 왼쪽으로 움직인다.

코를 단번에 쑥- 올린다.(더러운 냄새를 맡을 때와 같이)

웃는 얼굴

"위스키" 하여 입 모양을 끝까지 "이-"하는 모습을 유지한다.

우리나라 발음 중 "키" 발음이 입술을 위로 가장 많이 당겨지게 한다.

얼굴 표정이 중요한 이유

표정이 중요한 또 다른 이유는 감정의 전달이다. 웃고 있는 상대를 보게 되면 나 역시 기분이 좋아지는 것을 느낀 적이 있을 것이다. 반대로 인상을 쓰고 있는 사람을 대하게 되면 나까지 기분이 망쳐진다는 느낌을 경험해 보았을 것이다. 이렇듯 나의 표정이 상대에게 다양한 심리 변화를 유도하기 때문에 고객을 대할 때는 특히 밝은 표정으로 고객을 대해야 한다.

흔히 인간의 심리를 이야기할 때 '스트로크'라고 표현한다. 스트로크(STROKE)란 테니스에서 공을 길게 주고받는다는 뜻이지만, 심리학에서는 말의 의미가 있다. 인간이 주고받는 대화, 몸짓, 터치 등 모든 것이 스트로크라 볼 수 있지만, 그중 표정이 차지하는 비율 역시 높다.

얼굴 표정이 나의 인생을 좌우한다

밝은 표정으로 생활한다면 아무래도 궂은일보다는 즐겁고 행복한 시간이 많게 될 것이다. 미소와 관련된 각 나라마다 관습이 많다.

우리나라만 해도 웃음과 관련된 고사성어나 속담이 많이 있다.

소문만복래 _ 웃으면 만 가지 복이 들어온다. 웃으며 답하지 않아도 그 뜻을 안다 -이백(李白)

염화미소 _ 말로 하지 않고 마음에서 마음으로 전하는 일을 뜻하는 말. 석가가 설법 중에 연꽃을 들어 보였을 때 오직 제자 가섭만이 그 뜻을 알고 빙그레 웃었다는 옛일에서 유래.

웃는 낯(얼굴)에 침 못 뱉는다. _ 간절히 빌고 용서를 구하는 사람에게는 욕할 수 없다는 뜻. 웃는 모습은 여러모로 손해 날 것이 없다는 말.

웃으면 복이 온다 _ 웃음이 보약, 웃는 것이 신체적으로도 좋으며 화도 면할 수 있다는 말.

웃음과 관련된 외국의 속담 중에서는 다음과 같은 것들이 있다.

웃는 얼굴이 없는 남자는 상점을 개설해선 안 된다. -중국 속담

하나님 앞에서는 울어라,

그러나 사람들 앞에서는 웃어라. -유대 격언

이렇듯 웃음으로 인해 흥할 수도 있고 망할 수도 있다. 프랑스에서는 딸을 낳아 3살이 되면 아버지가 거울을 선물하는 풍습이 있다고 한다. 거울을 보고 아름다운 미소를 가꾸라는 의미이다. 서양에서는 웃음에 의한 운명의 변화를 믿는다. Smile Power 매력적으로 웃는 얼굴은 사람을 따르게 하고 사람의 마음을 행복하게 하고 그 행복이 몇 배로 불어서 당신에게 돌아온다. 그리고 당신의 운명을 바꾸어 놓는다. 또 우리의 관상학에서도 미소와 관련해서 운명의 변화를 이야기한다. 미소 띤 입술 모양으로 입술이 생기면 말년의 운이 좋아진다고 하며, 여성의 경우는 남편을 출세시킬 상이라고까지 얘기한다. 관상을 다 믿는 건 아니지만 통계에 의한 것이니까 웃어넘길 수도 없을 것 같다. 밝은 표정으로 당신의 운명을 개척해 보지 않겠는가?

눈썹을 한번 올려보자

흔히 배우를 가리켜 천의 얼굴이라고 지칭한다. 하지만 사람이 80여 개의 안면 근육으로 만들 수 있는 표정은 7,000여 가지라고 했다. 그렇다면 배우는 천 가지 표정인데 일반인은 과연 얼마만큼의 표정을 만들 수 있을까?

보통 사람인 우리 역시 배우 못지않게 많은 표정을 만들 수 있지만, 그것을 누군가에게 보이지 않아서 그럴지 모르겠다.

여러분은 다양한 표정 가운데 가장 자신 있는 표정이 어떤 것인가? 설마, 찡그린 표정, 화난 표정은 아닌지?

많은 표정 가운데 미소 띤 표정만큼은 누구에게도 뒤지지 않는다고 말할 수 있게 된다면 당신은 어느 곳에 가서든 인기 있고, 호감 가고, 매력 있는 사람이 될 것이다.

스마일의 상태에서 더욱더 호감 가는 표정은 어떤 것일까? 그것은 당신의 눈썹을 한번 올려서 눈이 동그랗게 만들어진다면 상대는 당신에게 더 많은 호감과 친절함을 느끼게 될 것이다.

반가운 사람을 만나면 대개의 표정이 눈이 커지며 입이 벌어지며 눈썹을 위로 올리게 된다. 그래서 그러한 표정을 짓게 되면 반가움의 배가 된다.

자 이제부터 한번 만들어 보자! 안면 근육 운동하듯이 눈썹을 위로 올린 다음 정지한 후에 미소를 띠어보자. 훨씬 더 밝은 표정이 될 것이다.

밝은 음성의 매력

사람의 목소리에도 표정이 있다. 실제로 모습이 보이지 않는 대화에서도 상대의 표정을 느낄 수 있다. 바로 전화 대화가 그 예이다. 상대방의 모습이 보이진 않지만, 감정의 전달이 잘못되어 상대방이 기분을 상하게 하는 경우가 있다. 보통 음성은 타고난 것으로 생각하기 쉬운데 자신의 노력 여하에 따라 충분히 아름답고. 매력 있고 개성 있는 목소리를 만들 수 있다. 대개 호감 가는 음성은 첫 번째로 음정이 여성인 경우엔 '솔' 음정이고, 남성의 경우엔 '미'음정이다. 두 번째로 아무래도 허스키한 음성보다는 맑고 울림이 있으면 더 좋다. 세 번째는 말을 할 때 리듬감이 있어야 상대방에게 전달력이 좋다.

사람들은 대부분 자신의 목소리가 상대방에게 어떻게 전달되는지에 별 관심을 두지 않는다. 하지만 얼마나 많은 느낌이 목소리를 통해서 그리고 전화 목소리에 의해서 전달되는가를 생각한다면 한 번쯤은 자신의 목소리를 점검해 볼 필요가 있다.

한번은 TV 모 프로그램에서 목소리 실험을 한 적이 있었다. 도우미의 목소리가 대개 음계 '솔'톤으로 말을 하는데 왜 그럴까요? 라는 타이틀로 실험을 했다. 결론은 솔 음정의 목소리가 듣는 사람에게 좌뇌의 움직임을 활발히 하여 집중력을 높여주는 음정이기 때문에 훨씬 전달력이 높다는 것이다. 아무리 지식이 풍부한 교수라 할지라도 리듬감 없이 낮은 저음으로 염불 외듯이 한다면 청중들은 재미있게 집중해서 들을 것인가? 밝은 목소리 연출은 미소와 함께 친절이 베어져 있어야 하며 이것 역시 연습으로 만들어질 수 있다.

03

3계명.
가는 말이 고와야 오는 말이 곱죠!

고객맞이 기본 용어

고객맞이의 기본 용어는 일하는 형태에 따라 약간씩 다를 수 있지만, 항상 숙지한다면 어떤 경우라도 자연스럽게 나올 수 있다.

고객맞이의 7대 용어

1. 어서 오십시오.

밝고 또렷한 목소리로 미소를 띠고 예의 바르고 정중하게 찾아주신 데 대해 환영과 감사의 마음으로 30~45도 각도로 인사한다.

2. 네, 잘 알겠습니다.

상냥한 응대(고객이 원하는 방향으로 처리하겠다는 마음가짐)과 적극적이며 긍정적인 태도로 가벼운 15도 각도로 인사한다.

3. 죄송합니다(만).

겸손한 마음으로 양해를 구할 때 15~45도의 각도로 인사한다.

4. 잠깐만 기다려 주십시오.

기다림을 필요로 할 때 신속하게 하겠다는 뜻으로 고객이 기다리는 시간이 5분을 넘지 않도록 하며, 15도 각도로 인사한다.

5. 오랫동안 기다리셨습니다.

기다린 것에 대한 감사의 표현으로, 상대의 시간을 존중하는 마음으로 15도 각도로 인사한다.

6. 감사합니다.

진정으로 감사하는 마음으로 밝고 또렷하게 45도 각도로 인사한다.

7. 안녕히 가세요. 또 들러주십시오.

감사의 마음을 담고 또다시 오시길 바란다는 뜻으로 30도 각
도로 인사한다.

말하기의 중요 포인트

대화를 하는 데에 말이란 상대에게 약이 될 수도 있고 반면에
독이 될 수도 있다. 말하기에 따라 상대에게 다양한 심리를 유도
하게 되는데, 이왕이면 (+) Storke를 유도해 낼 수 있는 말하기의
Point를 소개한다.

1. 말하는 목적을 의식하며 상대방의 입장을 생각한다. 민감한
화재는 피하고 종교, 지방색, 학력, 인신공격적인 내용 등을 피하
며 대화한다.

2. 정확한 발음, 밝은 목소리, 적당한 속도로 말한다. 정확한
발음은 까다로운 문장을 소리 내 여러 번 읽다 보면 교정의 결과
가 나타나게 된다. 밝은 표정으로 밝은 목소리를 연출해 낼 수 있
다. 보통 남성은 '미' 여성은 '솔'음으로 연습한다.

3. 상대방의 눈을 보고 좋은 태도로 말한다. Business eye

zone이란 눈썹과 목선을 벗어나지 않는 시선 처리와 함께 눈을 5초 이상 바라보지 않도록 한다. 좋은 태도란 눈에 보이는 시각적인 태도가 눈에 거슬리지 않아야 한다.

4. 상대방에 맞추어 알아듣기 쉽게 말한다. 상대방의 수준에 맞게, 회사 및 업종 특유의 언어들, 전문용어 등은 쉽게 풀어서 얘기한다.

5. T.P.O에 맞게 말한다. Time, Place, Occasion 시간, 장소, 상황에 맞추어서 말한다.

말은 그 사람의 인격을 표현하는 것이므로, 항상 자신 있고 공손하게 말할 수 있도록 한다. 서로 즐겁고 친근하게 이야기한다면 생각보다 더 좋은 결과를 가져올 수 있다. 어떠한 상대에게도 항상 정중하고 인상 깊은 대화가 될 수 있도록 노력하자.

듣기의 중요 Point

세일즈맨은 30%만 이야기하라는 말이 있다. 이 말은 30%는 자신의 이야기를 하고 나머지 70%는 고객이 이야기하도록 유도

하라는 뜻이다.

실제로 각 부문에서 영업 1위 하는 사람의 공통점은 의외로 말주변이 없다는 것이다. 말을 잘하기보다는 상대의 말을 잘 들어주는 것이 훨씬 더 상대에게 신뢰감과 호감을 삼으로써 영업에 큰 성과를 거둔 것이다.

틸무드에서는 사람의 입이 하나이고 귀가 둘인 이유를 상대방이 하는 이야기를 관심 있게 귀담아들어 주면 신뢰감과 호감을 살 수 있다고 말한다.

그렇다면 듣기의 중요 Point를 짚어보자.

역지사지(易地思之) : 입장을 바꾸어서 생각한다.

개방적 : 마음을 오픈한다. 팔짱을 낀다든지, 뒷짐을 지는 자세, 턱을 괴는 자세 등을 피한다.

123 전법

1번 정도 내가 이야기하는 정도에

2번 정도는 상대가 이야기하도록 하며

3번 정도는 상대의 이야기에 맞장구, 호응하라는 것이다.

이것 역시 말하기보다 많이 잘 들어주라는 뜻이다.

존댓말은 어떻게 써야 하죠?

우리말은 다른 어떤 언어보다도 경어법이 복잡하고 어렵다. 문법적으로는 말의 주체가 되는 사람을 높이는 존경법, 말하는 사람과 듣는 사람의 관계에 따라 결정되는 공손법으로 나뉘어 있다. 어휘적으로 존댓말과 예사말이 나뉘어 있는 일도 있어 적절한 말을 골라 쓰는데 세심한 주의가 필요하다.

직장에서의 경어법

존경법

보통 직급과 나이에 따라 "~셨"을 넣고 안 넣고에 따라 존경법이 제대로 되는지가 판가름 난다. 어떤 이는 군대 문화에 익숙해져서 자신의 상급자에 대해 더 높은 상급자에게 보고할 시 예를 들어 "부장님, 이 과장은 지금 외출했습니다."라고 할 때가 있다. 이는 잘못된 표현이다. 이럴 때 "이 과장님은 외출하셨습니다."라고 표현해야 한다.

공손법

직장 내 사람

○ 동료끼리

- 나이가 비슷할 때: ~에 전화했어요?

- 나이가 위일 때 : ~에 전화하셨어요?

○ 윗사람에게 – 어느 경우나: -에 전화하셨습니까?

○ 아랫사람에게 -일반적으로: ~에 전화했어요? -어리고 친밀

한 경우: ~에 전화했니?

직장 밖의 사람

○ 다른 직장의 사람에게 : 일찍 오셨습니까?

○ 회사의 방문객을 맞을 때 : ~는 가지고 오셨습니까?

○ 타 회사 방문객: ~일은 잘 끝냈습니까?

○ 어른에게 - 제가 지나가도 되겠습니까?

           - 좀 비켜 주시겠습니까?

○ 자신보다 어린(청소년) -좀 지나가도 될까요?

운수업에 종사하는 예를 들어 버스 기사의 경우 중고생 고객에게 말을 낮춰야 할지 높여야 할지 고민을 하는 경우가 많은데 될 수 있으면 공손법으로 높이되 "~셨~"은 넣지 않으면 적당한 표현일 것이다.

말 한마디가 그 사람의 인격이나 교양을 나타내므로 은어나 속어 같은 말은 되도록 쓰지 않도록 해야 하며, 특히 고객 앞에서는 절대 쓰지 않도록 해야 한다. 항상 바르고 듣기 좋은 고운 말을 써서 당신의 인격이 한순간에 무너지지 않도록 힘써야겠다.

당신의 대화 능력은 어느 정도일까요?

YES가 5가지 미만 : 대화 능력이 탁월

YES가 5가지 이상 : 조금은 부정적

YES가 10가지 이상 : 대화에 대해 전반적으로 학습 필요

질 문	YES	NO
상대방과 대화하기 어렵다고 생각하는가?		
상대가 말을 하고 있을 때 다른 것을 생각하는 일이 가끔 있는가?		
전혀 모르는 사람과 대화하고 있을 때 자신도 모르게 기분이 나쁜 적이 있는가?		
화제가 없어질 때가 가끔 있는가?		
때때로 말이 생각나지 않을 때가 있는가?		
상대가 당신의 말을 중단했을 때 울화가 치미는가?		

친구나 가족과의 대화에서 화제가 없어질 때가 있는가?		
모르는 사람에게 소개되는 것이 싫은가?		
때때로 상대방의 말을 중단하고 싶은 적이 있는가?		
당신이 말을 할 때 다른 사람이 침착성을 잃은 것 같이 느끼는가?		
상대가 말을 하고 있을 때 반론하는 일이 많은가?		
세상지사를 말하는 것이 어려운가?		
당신은 웃거나 미소를 지으며 대화를 즐기기 어려운가?		
대화 중에 시간이 빨리 갔으면 하고 생각하며 다이나믹한 말을 주고받는 일은 되도록 피하는가?		
언제나 당신에게 대화하게 하거나 이끌어가도록 하여 의존하는 일이 있는가?		

04

4계명,
전화는 얼굴 없는 만남

전화의 기본 예절?

　　　　　말의 폭력이 갈수록 난무해 가는 요즘 전화 예절
의 부재는 사람들에게 심각한 정신적 고통의 요인으로 등장하고
있다. 따라서 잘못 사용하면 서로 부딪치고, 폭발성을 지니고 미
묘하게 비틀리고 왜곡되며 서로가 상처를 입게 된다.

[사례]

-00 바꿔! (또는) 사장 있어?

-어학 교재 판매원의 [영어를 못하면 사람 취급 못 받습니다.]

-아~나 누군데 부장 좀 바꿔!

-어? 거기가 00이 아닙니까? 이런 제기랄 왜 거기가 나오지. 뚝!

1) 전화는 어떤 경우라도 조심스럽게 조용히 다뤄야 한다.

2) 통화 시 되도록 조용한 어투, 정중한 말씨와 경청, 존댓말을 사용해야 한다.(상대방의 지위나 신분을 알고 나서 갑자기 공손해지는 것은 못난 행위다.)

3) 통화는 요점만 추려서 간단하게 한다.

4) 상대방이 전화를 끊은 것을 확인한 후(또는 어느 정도 시간이 지난 후) 전화를 끊는다.(이야기가 끝나자마자, 상대의 이야기가 끝나기도 전에 전화를 끊는 것은 결례이다.)

5) 잡음이 들리거나 양쪽 중 한쪽 소리가 않을 때는 "여보세요! 여보세요!" 하고 외치거나 "뭐라고요?"를 남발하지 말고 "전화 감이 멀군요." '말씀이 잘(전혀) 들리지 않습니다. 다시 걸어 주십시오(걸겠습니다)" 하고 친절하게 알리도록 한다.

6) 전화를 끊을 때는 "안녕히 계십시오", "고맙습니다. 안녕히 계십시오.", "이만(그만) 끊겠습니다, 안녕히 계십시오." 하는 것이 좋다.

7) 통화가 끝나면 송수화기를 제자리에 바로 놓아야 한다.

전화 받는 방법

순서	상황	포인트	이유	대화 요령
1	벨이 울린다	*벨은 2번 울렸을 때 받는 것이 가장 적합 *왼손으로 받음 *항시 메모 준비		제가 받겠습니다.
2	인사와 자기소개를 한다.	밝고 명랑한 음성	불안감 해소	감사합니다. 또는 각 회사의 정해진 문구를 이야기한다.
3	용건을 이야기한다.	경청하며 메모	편안한 마음으로 말할 수 있게	네, 네, 네
	다른 사람을 찾는다.	정중하게		네000과장님요. 죄송합니다만 어디시라고 전해드릴까요? 네, 00의 000부장님. 잘 알겠습니다. 곧 연결해 드리겠습니다.
		부재중일 때		죄송합니다만, 000과장님은 지금 회의 중이십니다. 30분 후에 연락 가능하신데 메모를 남겨주시면 오시는 대로 연락드릴 수 있도록 하겠습니다.
4	연락되었을 때	정중하게 자기소개		감사합니다. 00과 000입니다.(상대방 확인) 후)네, 안녕하세요.(간단한 근황인사)
5	용건을 물었으나 담당을 바꿔줄 경우	상대방이 불쾌하지 않도록 담당자에게 상대방이 다시 설명하는 일이 없도록 간략하고 정확하게 내용을 전달한다.	두 번 말하지 않게 함	

전화 받기 CHECK LIST

	체크 항목	YES	NO
1	벨이 2~3회 울릴 때 받았습니까?		
2	메모 준비는 되어 있습니까?		
3	바르게 자신의 이름을 말했습니까?		
4	상대방을 확인했습니까?		
5	전화를 신속하게 연결해 주었습니까?		
6	찾는 사람이 없을 때 적절히 응대했습니까?		
7	용건을 들으며 메모했습니까?		
8	요점을 복창했습니까?		
9	전언을 부탁했을 때 상대에게 자신의 이름을 알렸습니까?		
10	전문용어를 쓰지 않았습니까?		
11	너무 기다리게 하지는 않았습니까?		
12	확실하고 밝은 목소리였습니까?		
13	존댓말은 적절했습니까?		
14	끝맺음의 인사를 했습니까?		
15	상대방이 끊고 나서 전화를 끊었습니까?		

*혹시 NO가 5개 이상입니까? 더 노력하셔야겠습니다. 더 많이 NO가 나왔다고요? 열심히 응대 연습을 하십시오.

전화 거는 순서

T.P.O를 생각	상대방의 사정을 생각(T 시간, P 장소, O 상황)
전화 걸 준비	상대방 전화번호, 소속, 이름 확인, 용건 말할 순서 메모, 필요 서류 구비
번호는 정확히	
자기 이름 말하고 상대 확인	00회사 00의 000입니다. 000 씨를 부탁합니다.
인사	안녕하셨습니까?
용건, 요령 있게	00건 입니다만, 지금 괜찮으시겠습니까?
확인	결론, 약속 사항을 확인한다.
정중하게 인사 후 끊는다	감사합니다. 안녕히 계십시오.

전화 거는 방법

순서	상황	포인트	이유	대화 요령
1	(준비) 메모한다.	상대방 전화번호 소속, 성명 확인 통화내용 정리 메모와 필기구 준비 필요한 자료준비 상대의 상태 확인		
2	전화를 건다.	번호를 정확히	잘못 연결 방지	
3	자기소개를 한다.	정확하고 자세한 소개	친밀감 표시 간단명료	안녕하십니까? 000입니다. 안녕하세요. 00팀의 000씨 를 부탁합니다.
4	상대의 호출과 인사		용건에 맞 는 상대를 찾고 상대 가 나오면 다시 인사	바쁘신데 죄송합니다. 죄송합니다만 00팀 00씨를 부탁합니다.
5	용건 설명(잘 아 는 분일 경우 간 단한 문안 인사)	친절하며 예의바른 화법. 숫자나 날짜, 일시 등	정확한 전달 빠짐 없이	다름이 아니라 금주 000일정 을 알려 드리려고 전화드렸습 니다.
6	통화내용 확인	합의 또는 거론된 내용 확인, 통화 과정 반드시 메모	착오 방지	죄송합니다만, 통화내용을 다시 한번 확인해 보겠습니다.
7	끝인사			감사합니다. 안녕히 계십시오.
8	수화기를 놓는다.	상대방이 확인 또는 잠시 후 조용히 놓는다.		수화기를 뒤쪽부터 내려놓는다.

5계명,
옷 잘 입는 사람이 더 친절하더라

용모 복장 Check List

당신의 용모 복장은 과연 몇 점일까요? 체크 한번 해보세요.[남재

항목	용모단정	CHECK
머리	앞머리는 눈을 가리지 않는가?	
	잠잔 것처럼 머리가 삐쳐 있지는 않은가?	
	비듬은 없는가? 냄새는 안 나는가?	
얼굴	수염, 코털이 길지 않는가?	
	이는 깨끗하고 입 냄새는 안 나는가?	
	눈이 충혈되거나 안경은 더럽지 않은가?	
와이셔츠	소매 부분이나 칼라 부분이 더럽지 않은가?	
	칼라 부분의 단추가 느슨하지 않은가?	
	색상, 무늬는 적당한가?	
	다림질은 잘 되어 있는가?	
	흰색 와이셔츠에 색깔이 있는 러닝은 입지 않았는가?	

		CHECK
넥타이	비뚤어져 있지 않고 풀어져 있지 않은가?	
	때, 얼룩, 구겨짐은 없는가?	
	양복과 어울리는가?	
	길이는 적당하고 타이핀 위치는 적당한가?	
상의	색상이 너무 화려하지 않은가?	
	일어설 때 단추를 잠그는가?	
	주머니가 불룩할 정도로 많은 물건이 넣어져 있진 않은가?	
바지	다림질은 잘 되어 있고 무릎이 나와 있지 않은가?	
	길이는 적당한가?	
손	청결한가?	
	손톱이 길지는 않은가?	
벨트	색은 적당한가?	
양말	화려한 색상이나 무늬는 아닌가?	
	백색 스포츠용 양말을 신고 있지는 않은가?	
구두	잘 닦아져 있는가?	
	굽이 닳아져 있는가?	
	색상이나 형태는 업무에 적당한가?	
명함 지갑	명함은 지갑에 들어있고 매수는 적당한가?	

용모 복장 Check List

당신의 용모 복장은 과연 몇 점일까요? [여자]

항목	용모단정	CHECK
머리	청결하고 손질은 되어 있는가?	
	일하기 쉬운 머리형인가?	
	앞머리가 눈을 가리지 않는가?	
	유니폼에 어울리는가?	

머리	머리 액세서리가 너무 눈에 띄지 않는가?	
	청결하고 건강한 느낌을 주고 있는가?	
화장	피부 화장 및 부분 화장이 흐트러지지는 않았는가?	
	립스틱 색깔은 적당한가?	
복장	구겨지지 않았는가?	
	제복에 얼룩은 없는가?	
	다림질은 되어 있는가? (블라우스, 스커트의 주름 등)	
	스커트나 바지의 단 처리가 깔끔한가?	
	어깨에 비듬이나 머리카락이 붙어있지 않은가?	
	통근 시의 복장은 단정한가?	
손	손톱의 길이는 적당한가?	
	손은 깨끗한가?	
스타킹	색깔은 적당한가?	
	울이 늘어진 곳은 없는가?	
	예비 스타킹은 가지고 있는가?	
구두	깨끗이 닦여져 있는가?	
	모양이 찌그러져 있지 않은가?	
	뒤축이 벗겨지거나 닳아있지는 않는가?	
	구겨 신지는 않았는가?	
액세서리	업무에 방해가 되는 액세서리를 착용하지 않았는가?	
	유니폼에 어울리는가?	

액세서리 착용법(남성)

벨트, 넥타이, 핀, 서스펜더, 구두

1. 벨트

양복과 어울리지 않는 색상의 벨트는 피하며, 특정 회사의 로고가 두드러진 것은 품위를 훼손한다. 지나치게 폭이 넓거나 버클 모양이나 요란한 것은 피한다.

2. 넥타이

넥타이를 맨 길이는 벨트의 버클을 약간 덮을 정도가 적당하다. 폭은 상의 깃과 폭이 같은 것으로 선택한다. 색깔은 양복과 동일 색이 무난하며, 보색 계통으로 조화를 이루면 화려한 매치가 된다. 조끼를 입을 때는 넥타이가 조끼 밑으로 나와서는 안 된다.

3. 핀

넥타이핀은 장식용일 때 검은색이나 흰색 진주가 좋다. 조끼를 입지 않을 때 하는 클립식 넥타이핀은 금색으로 단순한 형태의 것이 좋다.

4. 서스펜더(멜빵)

서스펜더는 벨트와 같이 생각하면 된다. 벨트와 동시에 하지 않도록 한다.

5. 구두

남자의 깔끔함은 구두로 나타난다는 말이 있을 정도로 중요하다.

구두는 발에 부담을 주지 않은 것을 선택한다. 색깔은 양복 색깔과 맞추는 것이 좋다. 검은색이나 짙은 갈색이 일반적이다.

직장에서 캐주얼화는 가능하면 피한다. 두 켤레 이상 준비해 신는 것이 세련되게 오래 신는다.

여성의 직장 내 옷차림 외

1. 스타킹

피부색에 가까운 것으로 한다. 원색이나 무늬가 있는 것은 피한다. 올이 빠지거나 늘어지는 것에 주의한다.

2. 구두

구두는 여성의 또 다른 얼굴이다. 자신의 걸음걸이를 균형 있게 유지해 주는 것으로 선택한다. 출근 후 사무실에서 슬리퍼나 샌들로 바꿔 신는 것은 자칫 남의 눈에 단정치 못하게 보이기 쉽다. 불가피하게 구두를 바꿔 신어야 할 때 낮고 편한 정장용 구두를 선택한다.

3. 액세서리

요란하게 액세서리를 달고 다니는 것은 자칫 천박하게 보인다.

액세서리는 간결하면서도 옷차림을 돋보이게 하는 것을 선택한다.

4. 화장

화장은 밝고 청결한 느낌을 주도록 한다. 눈화장은 엷게 하고, 속눈썹은 하지 않는다. 너무 짙게 하지 않는 것이 바람직하며, 입술의 색깔은 붉은 계열로 한다. 붉은 계열은 형광등 불빛에 비추어진 피곤한 얼굴색을 활기차게 보이게 한다.

5. 머리

화려한 머리 장식과 요란한 머리 스타일을 피한다. 긴 머리는 묶어서 활동하기에 편하게 한다. 머리 스타일은 인사를 하는데 불편하지 않도록 한다.

6. 블라우스

속이 들여다보이지 않게 한다.

속옷이 밖으로 나오지 않게 한다.

06

인사란?

6계명,
고객에 대하여 경례

인사(人事)란 사람 인(人)에 일 사(事)를 쓴다. 즉 사람이 하는 일이다. 동물은 인사할 줄 모른다. 인사는 동물과 특별히 구분되는 인간의 고유한 행위이며, 모든 인간 예절의 기틀이다. 인간은 멀리 떨어져서 편지나 전화로 인사를 하지만 동물은 그렇게 하지 못한다. 인사는 인간만의 특징이요, 특권이다. 인사는 처음 만난 사람이나 웃어른에게 자신의 모든 것을 가장 잘 표현하고 상대에게서 호감을 받을 수 있는 첫 관문이다. 인사를 예의 바르게 잘하고 못함에 따라 상대방에게 건방지다. 착실하게 보인다. 인격자다. 인상이 좋다는 등의 인상을 심어준다. 인생에서 사람의 만남이 중요하다. 베드로가 예수를 만났기에 훌륭한 스승이 되었고, 남강 이승훈 선생이 도산 안창호를 만났기에 훌륭한 스승이 되었듯이 첫 만남의 인사가 인생에서 중요한 인연이 된다.

인사를 예의 있게 잘하느냐 못 하느냐에 따라 상대방으로부터 존경스러운 대우를 받을 수 있고 자기의 인격이 낮게 평가받을 수 있다. 인사를 잘한다고 욕먹거나 뺨 맞는 일은 절대로 없다. 누구를 만나든지, 지위 고하와 남녀노소를 막론하고 한 직장에서도 먼저 보면 먼저 인사하고 볼 때마다 상냥하게 인사한다면 그것보다 더 밝은 사회, 밝은 직장을 만드는 방법은 없을 것이다. 인사는 가정에서는 화목한 가정의 근간이 되고 직장생활에서는 인화단결의 근본이 된다.

인사의 의미

1. 상대방에게 자신을 알리기 위한 것.
2. 마음에서 우러나오는 만남의 첫걸음. --인간관계의 시작
3. 상대방에 대한 존경심과 친근감의 표현
   상사에 대한 존경심의 시작 / 동료에 대한 우애의 상징
   고객에 대한 서비스 정신의 표현
   인사는 고객과 만나는 첫걸음

인사의 종류

약례

보통 인사는 허리를 숙이는 각도로 나눈다. 약례의 경우는 15도 정도로 허리를 굽히는 인사이다. 약 2초 정도의 시간이 걸리는 약식 인사라 하겠다. 인사의 기본자세는 남자의 경우 차려 자세, 여자의 경우 두 손을 포개어 단전 위치에 살짝 얹은 공수 자세를 취한다.

+언제 할까요?

직장의 복도를 지나면서 상사나 동료를 만날 때 "반갑습니다." 하고 하는 인사. 그 대상이 상사일 경우는 잠시 멈춰서 하고 일반 동료일 경우는 지나치면서 해도 좋다. 하루에도 몇 번씩 만나는 분들께 만날 때마다 하는 인사도 약례로 한다. 직장 복도에서 모르는 손님이 지나갈 때도 "반갑습니다."라고 말하며 하는 인사이다.

+어디서 할까요?

몸의 움직임이 작아서 좁은 장소에서 하면 편리하다. 엘리베이터 안, 책상에서 앉은 채로 인사이다.

보통례

보통으로 하는 인사로 허리를 30도 정도 굽히는 인사이다. 인사말은 "안녕하십니까?"가 적당하고 "안녕하세요?"는 요즘에 약간 변화된 인사말이다. 보통례는 4초 정도의 시간이 걸린다. 머리와 등, 어깨가 일직선이 되도록 하여 반듯이 인사한다. 일반적으로 하는 인사의 각도이며 고객에 대한 정식 인사이다. 거래처 등 사회 활동에서 보편적으로 처음 나누는 인사이며, 나이 차이가 얼마 나지 않는 회사 선배에게 하는 인사이다.

정중례

서서 하는 인사로서는 가장 정중한 인사 예법이다. 약 45도 정도로 허리를 굽혀서 정중하고 감사하고 고마운 마음으로 하는 인사이다. 정중례는 약 6초 정도의 시간이 걸린다. 연세가 많은 선배나 웃어른, 직장 상사에게 한다. 은혜를 입은 존경하는 분께 하는 인사, 고객에게 감사를 표할 때, 고객에게 죄송한 일을 사죄할 때, 감사함과 죄송함의 표정에 유의한다.

7계명,
친절한 행동 예절

행동 예절의 기본자세

우리는 살면서 수많은 자세와 동작을 하게 된다. 특히 고객을 응대하면서 많은 자세와 동작을 한다. 이러한 우리의 자세, 동작이 고객의 눈에는 어떻게 보이는지 이번 과정에서 생각하고 다듬어 보자.

모든 자세 동작에 있어 기본적인 포인트는 등줄기를 곧게 편다. 동작은 절도있게 한다. 손가락은 가지런히 모은다. 시선은 지시물 방향으로 향한다. 이러한 기본 원칙에 의한 기본자세를 살펴보자.

남성의 기본자세

허리와 등을 세우고 바르게 서서 발뒤꿈치는 붙이고 앞꿈치는 45도 각도로 벌린다. 손은 달걀을 쥔 듯 살며시 주먹 쥐고, 엄지손가락이 정면을 향하도록 바지 옆선에 붙이고 시선은 정면을 향한다.

여성의 기본자세

허리와 등을 세우고 바르게 서서 발뒤꿈치는 붙이고 앞꿈치는 30도 각도로 벌린다. 손은 오른손이 위로 오도록 공수한 상태에서 시선은 정면을 향한다.

공수 자세란?

우리나라 사람의 공손한 자세에서 손의 모습은 두 손을 앞으로 모아 맞잡는데, 이러한 자세를 취하는 것을 공수라 한다. 의식행사에 참여했을 때, 전통 배례를 할 때, 그리고 어른 앞에서 공손한 자세를 취할 때 공수를 한다.

[공수하는 법]

남자는 왼손이 위로 가게 여자는 오른손이 위로 가게 두 손을
포개 잡아야 한다. 안쪽은 동쪽이고 동쪽은 양이기 때문에 남자는
왼손이 위고 오른쪽은 서쪽이고 서쪽은 음이기에 여자는 오른손
이 위인 것이다. 흉사 시는 남녀의 손 위치가 바뀌어야 한다. 흉사
란 사람이 죽은 때를 말한다. (사람이 죽어서 백일만에 지내는 졸
곡제 직전까지의 행사에 참석, 주관할 때만 하는 것이다.)

명함 주고받기

명함은 프랑스 루이 15세 때 이미 인쇄된 명함을 사교에 사용
했다고 한다. 이처럼 오랜 역사를 가진 명함은 한 장의 종이쪽지
에 지나지 않지만, 사교에 있어서는 자신을 대신해 주는 역할을
하며 매우 유효하게 쓰인다. 따라서 명함은 품위가 있어야 한다.

[명함 주고받기 Point]

내가 먼저 드린다.
두 손으로 주고받는다.

상대방이 보기 편한 방향으로 드린다.

받은 명함은 성명 등을 다시 확인한다.

허리와 가슴사이 선에서 명함을 받는다.

[명함의 형태]

명함은 나라와 개인의 취향, 유행에 따라서 다소 차이가 있을 수 있겠으나, 보통 일정한 크기의 사각형 순백지에 인쇄한 것이 규격품이다. 멋으로 각진 부분을 둥글린다든지 금테를 두른다든지 색깔 있는 용지를 쓰는 것은 피하는 것이 좋다.

영미형 – 영국과 미국에서는 남녀 모두 같은 형태의 명함을 사용하나 여성용 명함이 남성용 명함보다 크다.

대륙형 – 유럽 국가에서는 남녀의 명함이 형태도 다르고 글씨체도 다르다. 또 개인의 취향에 따르는 경우가 많다.

[명함의 종류와 용법]

서양 사회에서 사용되는 명함에는 사교용 명함과 사업에 쓰는 업무용 명함의 두 가지가 있다. 사교용 명함은 미국에서는 보통 검은 잉크로 인쇄하고 서체는 필기체를 쓴다. 이 사교용 명함은 꽃이나 선물을 보낼 때나 파티의 날짜와 시간을 적어 초청장 대신으로 쓸 때 사용한다. 업무용 명함은 회사원이 다른 회사를 방문하거나 고객을 사업상에서 만났을 때와 같이 업무용으로만 사용된다. 업무용 명함에는 성명, 회사의 주소, 회사 내에서의 직책과 지위를 적는다.

방향 지시

고객에게 여러 곳을 안내할 때 필요한 것이 방향 지시이다. 손가락으로 지시하는 것으로 끝나는 것이 아니라, 말 한마디, 따뜻한 미소가 더욱더 중요하다.

1) 화장실 안내

손가락을 벌리거나 손가락질 하지 않는다. 한 손은 배 위에(공손한 자세로), 고객의 입장에서 방향지시어 사용, 아이 컨택트(확인 시, 방향 지시)

2) 복도 지나기

한두 걸음 앞에서, 복도가 긴 경우 중간에 한 번쯤 재확인, 복도를 꺾을 때 미리 방향 지시할 것, 좋은 자리가 손님의 자리이다.

3) 문 여는 법

문 여는 손으로 노크(문 쪽에 가까운 손), 문을 연 후 안내자의 몸이 고객을 막지 않도록 비켜선 후(몸이 2/3 이상 보이도록)

4) 좌석 지정

사무실에서는 입구에서 가장 먼 곳, 창문 쪽이나 그림이 있으면 정면에서 좋은 그림을 볼 수 있는 곳 등, 1~3인용 소파가 있을 시 3인용으로 안내한다.

+자동차 → 다음 그림의 순서 참고

운전자	2
1	3

악수하기

소개가 끝나면 서로 악수를 한다. 악수는 주로 동성 간에 이루어지며 이성 간일 때는 여성은 남성에게 목례로 대신한다. 악수할 때는 상대방의 눈을 쳐다보면서 부드럽게 미소를 지은 채 손을 힘 있게 쥔다. 그러나 상대가 여성이면 손을 가볍게 쥐는 것이 예의이다. 악수하면서 고개를 숙이거나 허리를 굽혀 인사하는 사람이 간혹 있는데 악수가 일종의 인사이므로 다른 인사 표시는 필요가 없으며 또 보기에도 좋지 않다. 악수는 서양의 인사 예법이다. 서양에서는 악수와 함께 허리를 숙이는 대상을 대통령과 성직자에만 한다.

[악수하는 순서]

악수는 지위가 높은 사람이나 나이가 많은 사람이 먼저 손을 내밀어서 하는 것이 원칙이다. 남성은 여성이 먼저 손을 내밀며 악수를 청하지 않는 한 여성에게 먼저 손을 내밀어 악수하지 않는다. 그러나 남성이 몰라서 또는 실수로 먼저 손을 내밀었을 때는 여성 쪽에서 자연스럽게 악수를 해주는 것이 좋다. 손을 먼저 내미는 기준은 다음과 같다.
-여성이 남성에게 - 연장자가 연하자에게 - 기혼자가 미혼자에게 - 상급자가 하급자에게 - 선배가 후배에게

[악수 에티켓]

1) 소개를 받았다고 곧바로 손을 내밀지 않는다.

2) 얼굴에 미소를 띤다.

3) 악수할 때 손을 어깨에 걸치거나 껴안는 등 불필요한 과장된 행동은 품위가 없어 보이므로 삼간다.

4) 장갑은 벗는다. 악수할 때는 남녀 모두 장갑을 벗는 것이 에티켓이다. 여성은 공식 파티에서 정장하여 팔꿈치까지 오는 긴 장갑을 끼고 있을 때와 실외에서는 장갑을 벗지 않아도 된다.

5) 남자는 실외에서도 아무리 추워도 장갑을 벗어야 하는데 우연히 마주친 상대가 손을 내밀고 있는데 장갑을 벗느라고 기다리게 하는 것보다는 양해를 구한 후 장갑을 낀 채 악수를 하는 것이 더 낫다.

6) 수많은 사람과 악수할 때 손에 힘을 빼고 하는 것이 좋다.

7) 상대가 악수를 청할 때 남성은 반드시 일어나야 하지만, 여성은 앉은 채로 악수해도 상관없다.

8) 악수는 당당하게 해야 하며, 대통령이나 왕족을 대하는 때 외에는 머리를 숙일 필요가 없다.

9) 악수를 청했는데 받아 주지 않는 것은 상대방을 무시하거나 도전적인 의사 표시로 여겨지므로 주의한다.

10) 여성의 경우 먼저 악수를 청하는 것이 에티켓이므로 외국 남성과 만났을 때는 주저하지 말고 자연스럽게 악수를 청하며 손을 내밀도록 한다.

08

8계명,
고객의 마음을 읽어라

서비스의 종류

서비스(Service)는 원래 서비티움(servitium)이란 라틴어에서 유래되었다. 서비티움이란 뜻은 노예가 주인을 위해서 몸과 마음, 즉 정신적인 것과 육체적인 것 모두를 바친다는 뜻이다. 그러나 오늘날에는 남을 위하여 자기의 정성과 노력을 기울인다는 의미로 받아들여지고 있으며, 생활 전반에 걸쳐 다양한 의미로 해석되고 있다. 먼저 우리말 사전에 있는 서비스의 의미를 살펴보면 봉사, 접대, 근무, 상품을 판 뒤에 무료나 실비로 수리 및 기타의 봉사를 하는 일, 개인적으로 다른 사람을 위해 여러 가지로 시중드는 일, 서브(Serve) 등의 뜻이 있다.

그렇다면 서브(Serve)란 무엇인가? 일반적으로 서브(Serve)는 남의 뜻을 받들어 섬김, 남을 위해 노력함, 국가와 사회를 위해 헌신적으로 일함, 상인이 손님에게 헐값으로 물건을 팖 등의 뜻으로 풀이되고 있다.

이렇게 볼 때 서비스란 특정하게 어떤 하나의 개념으로 정의할 수 없는 것이며, 생활 전반에 걸친 봉사의 의미로 받아들일 수 있다. 예전에는 서비스를 무형의 활동이라고 생각하여 소홀하게 다루거나 가치를 두지 않는 경향이 많았다. 그러나 최근 들어서는 서비스를 제품과 마찬가지로 하나의 상품으로 간주하여 경쟁화하게까지 되었다. 이러한 현상은 서비스가 갖는 일회성과 사람에게 의존한다는 특색을 고려했기 때문이다.

서비스 종류를 분류하자면 일반적인 서비스와 고품위 서비스로 나눌 수 있다. 일반적인 서비스는 어느 곳에서, 누구나 받을 수 있는, 기본적인 서비스이다. 하지만 최근엔 일반적인 서비스만 가지고는 경쟁에서 살아남을 수 없다. 누구도 하지 않고, 특별한 고객만을 위한 최고의 서비스, 그것이 바로 고품위 서비스이다.

고객 유형별 특징과 대처방안 1

고객형	특징	대응 요령
반말형	도도하고 거칠다 무조건 시킨다. 남녀직원 없이 반발 존댓말을 사용하는 듯하나 끝부분이 올라간다. 자신의 감정을 자제하지 못한다.	더욱 정중한 자세를 취한다. 매뉴얼이 허락하는 한 "잘 알겠습니다" 라고 답한다. 행동 하나하나에 신속함을 보여준다. 표현을 더욱 정중하게 사용하여 약간 느 리게 이야기한다. 너무 밀착된 서비스는 피한다.
유머형	말을 많이 한다. 성격이 활발하다. 유머스런 표현을 한다. 진한 농담을 즐긴다. 유머형 → 경계형 가능성이 있다. 순발력이 강하다.	유머 정도에 맞추어 대응 절대 비웃지 않는다. 무반응은 금물 너무 앞서가는 유머는 튀지 않도록 조심 진한 농담에도 미소로 대응 항상 친근감 있는 밝은 분위기 유지
신경질형	괴팍, 무시, 불안정 아무 데서나 신경질 성격이 급하다.	조용히 안내하며 신경질적 특성을 살핌 신속한 서비스 요구됨 사전 서비스 요구(고객관리) 필요 이상 친절은 금물 처음부터 세심한 서비스 요구됨

고객유형별 특징과 대처방안 2

고객형	특징	대응 요령
경계형	무조건 떼를 쓴다. 규정이나 정책 무시 추근거린다. 공짜를 심하게 선호 갑자기 사람이 변함	고장 난 레코드처럼 접대하며 절대 결례는 범치 않는다. 가끔 선물을 제공한다. 너무 밀착된 서비스는 피함 절대 기죽지 말며 의연하고 자신감 있게 대처한다.

소심형	동료와 주로 속삭인다. 어깨가 움츠러들어있다. 걸음걸이의 보폭이 작다. 문을 살짝 연다. 잘 웃지 않는다. 행동반경이 작다.	절대 거칠거나 과도한 서비스는 삼가 조용한 서비스를 하나 손님을 자주 칭찬 비웃는듯한 웃음이나 성의 없는 태도는 고객의 화를 자아낼 수 있음 상황에 따라 정도 이상의 서비스가 요구됨
급한형	걸음이 빠르다. 빨리빨리 습관화 가끔 직원을 자기 부하직원처럼 부리려는 경향	최대한 신속한 동작을 고객의 가시권 안에서 보인다. 조금 피곤하지만, 답변을 빨리하고 미소를 잃지 않는다. 사전 서비스 정보를 파악하여 특히 어느 부분에서 급한지 알고 있다. 불가능한 부분을 요구 시 신속하게 답변하고 이유를 분명하게 설명하여 간결하게 한다.

고객유형별 특징과 대처방안 3

고객형	특징	대응 요령
침묵형	무거운 분위기 (연로한 고객) 무반응 고객	말 없는 고객이 더 무서운 법이므로 항상 일관성 있는 서비스가 필요 조용한 서비스를 하며 가끔 상품의 만족도 를 물어볼 정도로 예의를 지킨다. 고객이 집에 있는 것 같은 편안한 부위기 연출이 필요 필요 없는 말을 삼간다.
매너형	고맙다 예의 침묵 느긋 직원과의 대화를 즐김 직원의 입장을 고려하는 대화를 자주한다.	서비스 타이밍을 맞추어 질문 시에만 대답 직원들의 의견을 존중하는 편이므로 관심 을 가지고 서비스 서비스의 여유를 가지고 침착한 태도로 서비스하며 즐기는 분위기 연출이 요구됨 기대 이하 서비스 제공 시 고객은 철저하게 따지는 논리형으로 변할 가능성이 있음

매너형	고맙다 예의 침묵 느긋 직원과의 대화를 즐김 직원의 입장을 고려하는 대화를 자주한다.	서비스 타이밍을 맞추어 질문 시에만 대답 직원들의 의견을 존중하는 편이므로 관심 을 가지고 서비스 서비스의 여유를 가지고 침착한 태도로 서비스하며 즐기는 분위기 연출이 요구됨 기대 이하 서비스 제공 시 고객은 철저하게 따지는 논리형으로 변할 가능성이 있음
과시형	특정 직원을 찾는다. 특별 대우를 바란다. 유명한 사람 이름을 들먹인다, 걸음이 늦은 경향이 있으며 팔자 스타일이 많다. 뒷짐을 자주 진다.	항상 직함과 호칭을 하며 인사한다. 항상 고객을 기억하고 있다는 느낌을 갖게 한다. 가능한 책임자급에서 자주 인사하고 허리를 좀 더 많이 굽힌다(45도). 같이 온 고객에게 자랑을 간단히 한다. ~사장님이시니까…. 제가 어떻게, 어떻게 그런걸, 이라는 표현을 자주 한다.

고객에게 스트레스받습니까? 진단해 보세요

일하면서 느끼는 스트레스는 까다로운 사람을 상대함으로 생기는 것뿐만 아니라 다음과 같은 요인들에 의해서도 생길 수 있다.

〈물리적 작업 환경, 조직, 업무 만족도, 사장 및 동료와 관계, 일과 시간과 개인 시간의 균형, 자신의 시간 관리법〉

번호	질 문	예	아니오
1	화났거나 뚱한 고객을 대하면 화가 나는가?		
2	자신의 제안을 사장이 귀담아들어 주지 않는다고 느끼는가?		
3	점심 식사를 사무실에 배달해서 먹는 일이 자주 있는가?		
4	지속적인 방해 요인으로 인해 집중하기가 힘들 정도인가?		
5	항상 업무 마감 시간에 쫓기는가?		
6	고객이나 동료에 대해 쉽게 못 견뎌 하는 편인가?		
7	중요한 일 처리나 약속에 상습적으로 늦는가?		
8	사장과의 의사소통에 어려움을 느끼는가?		
9	바쁠 때 업무를 위임하는 것이 어렵거나 불가능한가?		
10	점심시간이 거의 매번 30분 이하인가?		
11	작업환경이 어수선하고 답답하고 시끄러운가?		
12	하루 커피를 세 잔 이상 마시는가?		
13	일주일에 휴무가 이틀이 안 되는가?		
14	야근이나 주말 특근을 상습적으로 하는가?		
15	자신의 업무에 전적으로 책임을 지고 있다고 느끼는가?		
16	중요 프로젝트에 상습적으로 시간을 어기는가?		
17	하루 업무 중 여러 가지 일들을 한꺼번에 처리하는가?		
18	현재 자신의 업무 한 가지에 붙박여있다고 느끼는가?		
19	하루 종일 쉴 새 없이 일하고 있는가?		
20	업무에 너무 많은 시간을 보내고 있다고 느끼는가?		

09

9계명,
친절 매뉴얼

고객 중심의 행동 변화

고객 입장에서 최상의 서비스를 제공하고 감사의 마음을 바르게 표현하자.

기본응대용어	안녕하십니까?(밝은 표정으로) 어서오십시오(반가운 마음으로) 무엇을 도와드릴까요?(적극적 자세로) 잠시 기다려 주십시오?(겸손한 마음으로) 죄송합니다.(반성하는 마음으로) 감사합니다.(고마운 마음으로) 안녕히 가십시오(명랑하게)
서비스 5원칙	서비스는 평등하게 시행한다. (연령, 복장 등으로 손님을 판단하지 않는다.) 마음은 말과 태도로 표시하지 않으면 전해지지 않는다. 고객의 욕구에 맞는 서비스를 제공한다. 주의 깊은 서비스를 제공한다. 한 사람 한 사람이 OOO을 대표한다.

서비스 5S	신속하게(Speed) 일은 빨리 처리한다. 미소(Smile) 밝고 명랑하고 부드럽게 한다. 깔끔하게(Smart) 말과 복장, 용모는 깔끔하게 한다. 친근감 있게(Sincerity) 진심과 정성과 감사의 마음으로 한다. 공부하는 자세(Study) 풍부한 업무 지식으로 응대한다.
고객 서비스의 마음가짐	성의를 갖고 응대한다. 친절한 마음씨를 잊지 않는다. 올바른 예절로 응대한다. 풍부한 지식을 갖고 확실히 처리한다. 적극적인 태도로 고객의 의도를 확실하게 파악한다. 약속은 반드시 지킨다.
접객 환경의 중요성	고객에게 만족, 기쁨, 감동을 준다. 고객과의 만남의 장을 제공한다. 직원에게 사기 및 자긍심을 진작시킨다. 차등화된 서비스를 제공하는 곳이다. 회사의 첫인상에 결정적인 영향을 미친다.
최고의 접객 환경을 위해	접객 시설을 내 집같이 꾸민다. 항상 깨끗이 가꾸기 위해 정성을 다한다. 고객에게 유익한 시설을 갖추도록 한다. 고객에게 편안함을 줄 수 있도록 한다. 고객의 편리함을 최우선으로 생각한다.

직원의 몸가짐

남자

몸가짐	체크 포인트
Check1 유니폼	–세탁은 자주 하고 있습니까? –바지 주름은 세워져 있습니까? –바지의 길이는 구두 위에 가볍게 닿을 정도로 합니까? –명찰, 배지 등은 정위치에 바르게 부착되어 있습니까? –먼지, 실밥 등도 주의합니까?

	–단추가 떨어져 없거나 채워지지 않은 것은 없는지? –필기용품, 수첩, 매뉴얼 등의 휴대품은 가능한 안쪽 포켓에 넣습니다.
Check2 머리 손질	–앞머리는 이마를 가리지 않도록 합니다. –옆머리는 귀를 덮지 않도록 하고 뒷머리는 와이셔츠(드레스셔츠) 　깃을 덮지 않도록 합니다. –자주 빗질하여 단정한 머리 모양을 유지합니다. –자주 감아 청결한 상태를 유지합니다.
Check3 넥타이	–넥타이는 느슨하지 않습니까? –때, 얼룩, 구겨짐이 없도록 합니다. –넥타이의 끝부분이 혁대를 덮을 정도의 길이로 바르게 맵니다.
Check4 구두	–흑색이나 짙은 갈색이 좋습니다. –매일 닦아 윤기가 나도록 합니다. –구두 밑창의 닳은 정도를 수시로 체크합니다.
Check5 양말	–근무복 색상과 유사한 색으로 합니다. –정장 바지 착용 시 흰 양말은 절대 착용하지 않습니다.
Check6 손톱	–손톱은 항상 짧고 청결하게 손질합니다. –항시 깨끗하게 합니다.
Check7 얼굴, 치아	–수염이 길어서는 안 되며 매일 면도합니다. –코털에도 신경을 씁니다. –항상 청결을 유지합니다. –식사 후 잇새에 음식물이 끼어 있는지 확인합니다. 　(가능하면 양치질한다.) –입냄새에 조심합니다.

여자

몸가짐	체크 포인트
Check1 유니폼	–자주 세탁하여 항상 청결히 하며 단정하게 입습니다. –소매는 특히 깨끗이 유지합니다. –명찰은 정위치에 바르게 부착합니다. –소매를 걷어붙이는 것을 피합니다.
Check2 블라우스	–속이 들여다보이지 않게 합니다. –속옷이 밖으로 나오지 않게 합니다.

Check3 스타킹	-피부색에 가까운 색으로 합니다. -원색이나 무늬가 있는 것은 피합니다. -올이 빠지거나 늘어지는 것에 주의합니다.
Check4 구두	-흑색이나 갈색이 좋습니다. -굽이 낮고(5~7cm) 활동하기 편한 것으로 합니다.
Check5 머리	-앞머리는 눈을 가리지 않도록 합니다. -자주 세발하여 윤기 나고 아름다운 머리를 유지합니다. -지나친 파마나 요란한 머리 모양은 피합니다. -(근무 중)여직원의 머리 모양 　머리카락을 뒤로 단정히 해서 핀이나 고무줄로 고정한다. 　커트 및 단발머리(귀밑 3~5cm) :머리핀이나 망사는 검정 계열
Check6 얼굴	-얼굴색은 밝고 건강하게 보이도록 합니다. -화장은 밝고 청결한 느낌을 주도록 합니다. -눈화장은 엷게 하고 속눈썹은 하지 않습니다. -루즈는 붉은색 계통의 밝은색이 좋습니다.
Check7 액세서리	-요란스러운 것을 피합니다. -귀걸이는 귀에 붙은 간결한 것으로 합니다.
Check8 손톱	-항시 적당한 길이를 유지하며 청결하게 합니다. -매니큐어는 투명하거나 엷은 것으로 합니다. -매니큐어는 벗겨지지 않게 주의합니다.

좋은 말씨

고쳐야 할 용어	바람직한 용어
당신	손님
나, 우리들	저, 저희들
같이 온 사람	두 분
나이, 말, 집, 병	연세, 말씀, 댁, 병환
누구세요?	누구십니까?
000씨 입니까?	000 선생님 되십니까? 000 선생님 되시는지요? 000 손님 되십니까?

OOO씨 입니까?	OOO 선생님 되십니까? OOO 선생님 되시는지요? OOO 손님 되십니까?
잠시만요, 잠깐만요	잠시만 기다려 주십시오. 잠시 기다려 주시겠습니까? 곧 OOO을 해드리겠습니다.
부탁합니다.	부탁드립니다.
알았어요.	알겠습니다.
몰라요.	모르겠습니다.
말해 주세요.	말씀해 주십시오.
전해줄게요.	전해드리겠습니다.
묻겠어요.	여쭙겠습니다.
미안해요.	대단히 죄송합니다. (죄송합니다만)~할 수가 없습니다.
안 돼요.	죄송합니다. 제가 처리할 수 없는 내용입니다.
좋아요?	좋습니까?
어떻습니까?	어떻게 생각하십니까?
어디까지 갑니까?	어디까지 가십니까?
몇 사람입니까?	몇 분이십니까?
다시 얘기해 보세요.	죄송합니다만, 다시 말씀해 주시겠습니까?
이쪽에서 가겠습니다.	저희 쪽에서 곧 방문하겠습니다.

[대화 포인트]
말씨는 사람의 인격과 교양의 표현입니다.
항상 모든 고객에게 정중하고 인상 깊은 대화가 될 수 있도록 합니다.

10계명,
고객 만족을 위한 금기 10가지

당신은 매일매일 고객에게 하는 자신의 말이 서비스 교류를 가능케 하거나 중단시키는 상황을 맞이하고 있다. 여기서는 반드시 피해야 할 열 가지 표현을 제시한다. 그리고 더욱 정중하고 유용한 방법으로 메시지들 전달할 수 있는 대안을 제시한다.

1. 저는 모릅니다.

대안: "제가 알아보겠습니다."

"저는 모릅니다"하고 말하는 경우 고객 대부분은 그 말을 이렇게 받아들인다. '저는 당신이 원하는 정보를 갖고 있지 않습니다. 그리고 저는 그걸 알아보기 위해 자리를 뜰 생각도 없습니다.' 고객의 질문에 대한 대답을 알아보겠다고 이야기하라. 그 말이 특별한 시간을 내어 다른 곳을 찾아가 조사하고 점검해야 함을 의미한다 해도. 당신은 특별 출장을 간 대신에 서비스 점수를 얻게 될 것이다.

2. 아닙니다.

대안: "제가 할 수 있는 일은"

고객의 요구에 대해 불가피하게 '아니오'하고 말해야만 할 때가 있다. 냉담하게 '아니오'를 사용하기보다는 고객을 위해 무엇을 할 수 있는지에 초점을 맞추어야 한다. "제가 할 수 있는 일은…" 과 같이 말을 시작한다면, 고객은 당신이 상황을 해결하려는 자세를 갖고 있음을 알게 된다.

3. 그건 제 소관이 아닙니다.

대안: "이 일에서 당신을 도와줄 수 있는 사람은"

고객으로부터 무언가 요구를 받았지만, 당신이 그 일을 이행할 권한이나 지식을 갖고 있지 못한 경우, 기꺼이 중계자가 되어 그 문제 해결을 지원할 만한 사람이나 부서로 고객을 안내해 준다.

4. 맞습니다. 이건 정말 심하군요.

대안: "당신이 실망하는 것을 충분히 이해합니다."

어떤 고객이 다른 직원이나 매장에서 한 일에 대해 불쾌감을 표시하는 경우, 그의 말에 동조하여 문제를 악화시켜서는 안 된다. "당신이 맞습니다. 이건 정말 잘못됐군요…. "라는 투의 말을 하면서 동조하는 대신 "얼마나 실망했는지 충분히 이해하겠습니다."라는 식의 감정을 이해하는 표현을 사용한다. 감정의 이해는 고객의 주장에 대한 동의 여부와 관계없이 염려와 관심을 표시하는 것이다.

5. 그건 제 잘못이 아닙니다.

대안: "이 문제를 어떻게 처리해야 할지 알아보겠습니다."

화가 난 고객이 문제가 발생한 데 대해 당신을 비난하려는 것처럼 보이는 경우 자연스러운 대응은 방어적으로 되는 것이다. 그러나 이런 반응을 보이면, 당신은 마음이 닫혀 결국 고객의 말을 듣지 않게 된다. 따라서 "그건 제 잘못이 아닙니다."라는 말이 혀 끝에서 맴돌고 있을 때면 잠시 멈추고 숨을 쉰 다음 이해하는 감정을 모두 동원해 "이 문제를 어떻게 처리할 수 있을지 알아보겠습니다."라고 말해야 한다. 자신을 방어하려는 충동을 억제함으로써 문제를 보다 신속하게, 또 보다 스트레스가 적은 방향으로 해결할 수 있다.

6. 제 관리자와 이야기해 보세요.

대안: "제가 도와드릴 수 있습니다."

고객들은 회사의 정책이나 절차에서 벗어나 있는 무언가를 요구하곤 한다. 이런 경우에는 그들을 빨리 자신의 관리자에게 인계하고 싶은 충동이 생긴다. 그러나 먼저 당신이 그들을 위해 무엇을 할 수 있는지에 초점을 맞추어야 한다. 만일 당신의 관리자가 관계해야 할 필요가 있다면, 기꺼이 그를 찾아가 해결책을 가지고 다시 고객에게 돌아간다. 그러면, 당신은 고객의 눈에 서비스 영웅으로 비치게 될 것이다.

7. 언제까지 필요하십니까?

대안: "최선을 다하겠습니다."

고객이 불합리하고 제공하기 어려운 무언가를 요구하는 경우, 당신의 첫 번째 반응은 불쾌함일 것이다. 하지만 당신은 고객의 요구를 통제할 수 없다. 따라서 가장 좋은 대책은, 부정적인 판단을 보류해 놓은 다음 요구를 이행하기 위해 최선을 다하는 것이다. 가능하다는 듯한 기대만을 가지고 무언가를 약속해서는 안 된다. 고객에게 비현실적인 기대를 안겨 주는 것은 당장은 부담을 더는 일이지만, 언젠가는 정면에서 곤욕을 치르기 마련이다. 완수할 수 있다고 확신하는 약속을 하라. 아울러 그 최종 기한이 얼마나 중요한지 잘 알고 있으며 또 그 시간을 맞추기 위해 최선을 다하고 있음을…. 자신감과 열의를 가지고 그들에게 확인시켜라.

8. 진정하십시오.

대안: "죄송합니다."

고객이 당황하거나 화를 낼 때, 혹은 실망하거나 걱정할 때 진정하시라고 말하는 것은 그들의 감정은 별로 문제가 되지 않는다고 이야기하는 것이나 마찬가지이다. 고객을 진정시키려면 그 정반대의 접근법을 택하여 사과하라. 사과는 고객의 관점에 동의하고 있다거나 혹은 당신이 잘못했다고 인정하고 있음을 의미하지 않는다. 이는 벌어진 사태와 그로 인해 고객에게 미친 부정적 영향에 대해 유감을 표명하는 것이다.

9. 저는 지금 바쁩니다.

대안: "죄송합니다만, 잠시만 기다려 주시겠습니까?"

하던 일을 삼시 멈추고 도움을 요청하는 또 다른 고객을 지원하기란 쉬운 일이 아니다. 특히, 당신이 이미 어떤 고객에게 서비스를 제공하고 있는 경우에는 더욱 그렇다. 몇몇 서비스 제공자들은 이러한 상황을 고객에게 짧은 한마디를 던짐으로써 모면하고 있다. "저는 지금 바쁩니다." 이를 그들의 마음으로 표현한다면 "왜 저를 괴롭힙니까? 제가 바쁜 게 보이지 않습니까?"라는 이야기가 된다. 유능한 서비스 제공자는 "죄송합니다만, 잠시만 기다려 주시겠습니까?"라는, 좀 더 나은 접근 방법을 활용한다. 친절한 어조로 이야기된 이 짤막한 문장 하나가 고객에게 당신이 자신을 염두에 두고 있으며, 상황이 허락하는 대로 곧 자신을 도와줄 것임을 인식하도록 해 준다.

10. 다시 전화 주십시오.

대안: "제가 다시 전화 드리겠습니다."

일부 고객들의 요구사항은 조사하고 연구할 시간이 필요하며, 시간이 지난 후에 더 자세한 대화를 해야 하기도 한다. 다음의 전화 통화는 언제나 당신이 주도해야 한다. 너무 바빠서 고객에게 다시 전화해 달라고 말하고 싶어진다면 즉시 생각을 중단하고 능동적으로 될 것. 문제에 대한 심사숙고가 끝난 후 고객에게 다시 진화하는 주도적인 자세를 가져야 한다.

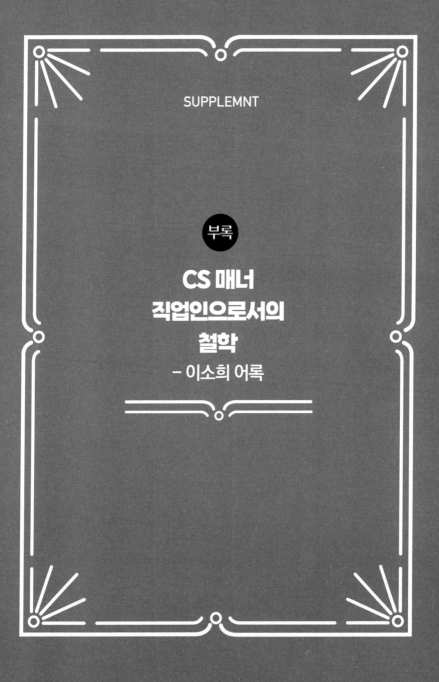

SUPPLEMNT

부록

CS 매너
직업인으로서의
철학

– 이소희 어록

CS 매너 직업인으로서의 철학
– 이소희 어록

직업 전문가로서의 마음가짐

내 인생과 직업에 헌신한다.

내 목숨을 내 직업에 바치고, 인류와 민족을 위해 헌신한다.

피를 말리는 안타까운 일이 있더라도 실천하며, 뼈를 깎는 고난에도 웃으며 일어서야 한다.

말과 행동이 일치하고, 노력하며 부지런히 살아가는 내가 된다.

자기 극복의 중요성

이소희는 고난, 시련, 시험, 외로움을 이겨내며, 큰마음을 품고 긍정적인 자세로 살아간다.

자기 자신을 이기는 자는 국가를 지배하는 것보다 위대하다.

이소희는 오늘도 건강한 성장, 성공, 평화, 행복을 선택한다.

성공하는 프로의 다짐

나는 프로다.

나의 일에 생명을 걸고, 직업에 자부심을 느낀다.

내일을 내다보고 계획대로 빈틈없이 일을 실행하며, 시간과 방향을 설정해 목표 달성을 위해 움직인다.

긍정적인 목표를 향해 나아가며, 결과에 대한 책임을 진다. 성과에 따라 보수를 받고, 예의 바르고 신중하게 행동한다.

천 번의 경험

천 번 웃고, 천 번 울고, 천 번을 느껴야 진정한 전문가가 될 수 있으며, 그 최소 기한은 10년이다. 그 후에야 비로소 철학이 나온다.

CS 매너로 성공하는 사람

진정한 프로는 작은 인사에도 진심을 담아야 한다. 당연한 인사에서부터 쿠션 인사, 볼륨 인사, 쓰리 쿠션 인사까지, 인사는 고객을 향한 마음의 표현이다.

근무자의 비전

이미지가 좋을 때 비전이 생기고 자발적일 때 발전하며, 솔선수범할 때 주변으로부터 인정받는다.

건강할 때 자신감이 생기고, 신뢰성과 성실이 있을 때 안정된다.

책임을 다할 때 소중한 존재가 되고, 고객과 동료로부터 인정받을 때 진정한 가치를 느낀다.

의식 레벨

긍정적인 의식 레벨에서 성장은 이뤄진다. 과정에서 매일 건강을 챙기고, 사람을 사랑하며, 고객과 동료에게 감사의 마음을 잊지 않는다.

직원의 유형

1. 고개를 숙이는 자: 실패할 인물, 무관심하게 집으로 보내야

할 사람

2. 딴청 피우는 자: 방해 요소가 될 인물, 발전을 기대하기 어려운 사람

3. 변명하는 자: 위험한 인물, 나쁜 소문을 퍼뜨리며 배신할 가능성이 높다.

4. 경청하는 자: 내일을 바꾸기 시작하는 사람, 함께 성장해야 할 사람

5. 감사하는 자: 믿을 수 있는 인물, 성공하여 은혜를 갚을 사람.

프로의 자세와 성공의 철학

긍정적인 인사와 친절

미소는 마음을 여는 열쇠이며, 고객을 끌어들이는 메시지다.

친절은 마음과 가슴에서 나오며, 프로만이 꾸준히 실천할 수 있는 덕목이다.

친절한 사람은 자신감 넘치며, 자기희생을 감수할 수 있는 사람이다.

진정한 프로는 일을 놀이처럼 즐기며, 절대 피하지 않는다.

성공한 사람의 특징

성공한 사람은 "할 수 없다"는 말을 하지 않는다. 한계에 대해 말하는 것 자체가 실패의 원인이다.

성공의 길: 끈기와 노력

끈기와 노력은 절망을 성공으로 바꾸는 힘이 있다.

천재란 자신감을 갖고 끊임없이 노력하는 사람이다.

걱정은 속임수일 뿐, 성공은 항상 고통의 언덕 너머에서 기다린다.

이소희의 직업에 대한 철학과 CS 매너의 원칙

자기 자신과의 끊임없는 싸움과 고난을 극복하는 과정에서 나온다. 진정한 프로는 매일의 경험을 통해 성장하며, 고객과 동료를 진심으로 대하고, 자신의 일에 자부심을 느낀다.

이소희 어록

#나 자신과 연애하듯이 살라.

#나 자신과 계약하라.

#사람이 자연이고 신대륙이다.

#인생은 서비스다.

#사이좋게 사는 것이 잘사는 것이다.

#간절함으로 죽도록 하면 안 죽는다.

#인사+겸손+예의+끈기+부지런한 습관이 나를 일으킨다.

#감사를 통해 감동과 감탄을 만나라.

#진정성 있는 말과 행동을 하라.

#어디서 누구를 만나느냐에 따라 인생이 달라진다.

감성 스피치아카데미

#원훈

1. 좋은 생각 밝은 미소 책임 행동 나 이소희는 할 수 있다. 할 수 있다. 할 수 있다.

2. #신조

긍정 초긍정 절대긍정 완전긍정 무한긍정 긍정이 5번이면 기적이 일어난다.

3. #믿음

나 이소희는 반드시 신나고 행복한 희망을 선택한다.

4. #창조

사람이 신대륙이다. 어디서 누구를 만나느냐에 따라 인생이 달라진다.

5. #목표

인생길+소풍길+명품길+축제의길+나의 경험이 필요한 곳에 공헌하며 세상을 보다 밝게 한다.

6. #감사

남을 탓하기 전에 내 가슴에 긍정의 스위치를 켜라.

7. #배움

인생은 영원한 배움의 학습장이다. 배우는 한 성장한다.

8. #특권

오늘 할 일을 나만의 특권으로 즐겁고 신나게 설렘으로 하라.

9. #말말말

말을 예쁘게 진정성 있게 하라. 말하는 대로 운명이 된다.

10. #오늘이 언제나 시작이다

내 인생에 전성기는 지금부터 시작이다.

#우주관 : 자아분석 자아개방 자아분화로 이 세상 속에 소중한 주연으로 자신감 있는 행복한 성장과 성공을 돕는다.

이소희의 활동과 비전

내가 걸어온 길은 단순한 행사의 사회나 교육을 넘어, 사람들의 마음을 치유하고 소통하며 함께하는 법을 가르치는 일에 있다.

여러 해 동안 나는 다양한 문화 공연과 행사에서 사회를 보며 수많은 사람과 만났다. 송년회, 향우회, 동기회, 칠순, 팔순 잔치, 각종 예술단 문화 행사 사회. 그리고 소상공인 행사와 동아리 모임 등에서 많은 이들과 함께 시간을 보냈다. 그 과정에서 나는 단체와 그룹을 대상으로 특강을 진행하고, 스피치와 CS 매너 서비스 교육을 통해 소통과 화합의 중요성을 전했다.

리더십 지도사로서 힐링과 심리상담, 행복 동행 디자이너로서도 활동하며 사람들에게 즐거운. 웃음과 노래, 패션 워킹, 유머, 스트레스 관리, 기체조 등 다양한 방식으로 힘을 주고자 노력했다.

이소희 사명 선언문

이소희는 좋은생각 밝은미소 책임행동으로 웃으며 노래하며 삶을 축제하듯이 가르치기 위해서 영원히 배우며 감사와 겸손으로 감동과 감탄을 주고받으며 세계평화에 기여한다.

감성스피치아카데미 사명 비전

사람들의 변화와 성장을 돕고 개인과 가정, 조직의 꿈을 현실로 되게 하여 행복한 성장과 성공으로 안내하는 것이다.

감성스피치 십계명

1. 인생 비전, 지도, 기획서를 써라.
2. 가족, 친구, 지인, 주변을 원망 마라.
3. 그 사람 없는 데서 남의 말을 하지 마라.
4. 30분 전도 과거고 전설이다. 어제를 용서하라.
5. 돈 거래하지 마라. 증여하고 기부하라.
6. 나만의 독립 국가를 세워라.
7. 천박한 친구를 멀리하라.
8. 주변을 빛내는 사람이 돼라.
9. 용서의 의식을 반드시 실행하라.
10. 존경받고 신뢰받으려면 비밀을 지켜라.

* 말은 그 사람 마음의 알갱이고 사상이고 철학이고 사명이다. 행복한 삶에 사랑과 일과 놀이에 있어 스피치는 필수고 핵심이고 저축이다. 고품격의 재미있는 인생에 스피치는 자신감의 무기이다.

인생은 서비스다

고객과의 만남은 언제나 감사한 인연이며, 이 소중한 관계를 정성껏 다루어야 한다. 고객이 찾아오는 것은 인생을 가져오는 고마운 일이므로, 그들의 발걸음 하나하나에 진심으로 감사해야 한다. 고객이 나를 믿고 찾아왔다는 사실이 가장 중요하며, 그들의 마음을 듣고 이해하는 것이 진정한 서비스의 시작이다.

서비스의 본질은 고객의 마음을 헤아리는 데 있다. 때로는 내가 제공하는 기술이나 서비스가 나에게는 만족스러울지라도, 고객의 마음에 부합하지 않을 수 있다. 그런 경우, 고객의 피드백에 귀 기울이는 것이 매우 중요하다. 고객이 나를 찾아주고 그 기다림에 감사하는 마음이 깊어질수록, 나는 그들의 소중한 경험을 만들기 위해 최선을 다할 수 있다. 고객이 내게 와 주는 것은 마치 장미꽃 한 다발을 받는 것과 같다. 그들의 응원과 지지, 칭찬은 나의 스승이 되어준다.

물론, 비판하는 사람도 있다. 하지만 그들은 내 역량을 넓혀주는 존재이며, 그 또한 감사해야 할 일이다. 모든 고객은 나에게 보물 같은 존재이자, 나의 스승이며, 나를 성장시키는 소중한 인연이다. 따라서 항상 변하지 않은 자세로 고객을 대하는 것이 중요하다. 서비스는 정확하고 진정한 전달이 핵심이며, 가식적인 태도로 접근하면 결국 고객의 신뢰를 잃는다.

진정성은 서비스의 열쇠이다. 고객의 마음 문을 여는 열쇠다. 가짜로 서비스 하거나 억지로 고객을 대하면, 자신을 학대하는 결과를 초래할 뿐이다. 긍정과 감사의 마음을 가지면 고객에게 감동과 감탄을 선사할 수 있다.

먼저 자신에게 감탄할 줄 알아야 하며, 그래야 고객에게도 그런 마음을 전할 수 있다. 감동할 수 있는 삶이 아니면 진정한 서비스는 이루어질 수 없다. 사람은 누구나 신이며, 나 자신도 신이다. 말 없는 고객이 가장 두렵지만, 그들은 나를 발전시키는 소중한 존재이기도 하다. 고객 한 사람 한 사람이 나에게 주는 가르침을 소중히 여기며, 그들의 목소리에 귀 기울이는 것이 진정한 서비스의 길임을 잊지 말아야 한다.

변화와 혁신으로, 행복 디자이너로 사람들의 변화와 성장을 돕고 개인과 가정과 조직의 꿈을 현실이 되게 하여 성공과 자신감의 장으로 안내하는 것이 나의 사명이다.

각종 이색 자격증 발급과 직원 교육, 성공 이미지 컨설팅, 사회 부적응 대상 교육, 인생 비전 지도, 그리고 47개의 자격증을 통해 사람들의 삶에 변화를 불러일으키는 것이 나의 사명이다.

나의 철학은 간단하다. "인생은 서비스다." 자신과의 약속을 소중히 여기고, 내가 만나는 모든 사람에게 긍정적인 에너지를 전달하는 것이다.

사람은 자연이고, 새로운 대륙이며, 인생은 결국 서비스라는 진리를 마음에 새기고 살아간다.

"사이좋게 사는 것이 잘사는 것"이라는 믿음은 나의 교육과 삶의 중심에 있다.

긍정이 다섯 번이면 기적이 일어난다.

인사는 겸손과 예의의 시작이다.

내 인생의 전성기는 지금부터 시작이다.

오늘날 내가 추구하는 것은 단순히 성공을 넘어서, 세상을 밝게 하고, 사람들에게 희망과 긍정적인 변화를 선물하는 것이다. 내가 책을 쓰는 이유도 바로 여기에 있다.

나의 경험을 통해 사람들에게 긍정적인 영향을 미치고, 그들의 삶을 변화시키고 싶다. 이 책을 통해 내 생각과 철학, 그리고 내가 만난 수많은 사람과의 이야기를 함께 나누며, 독자들이 보다 나은 삶을 향해 나아가는 데 도움이 되기를 바란다.

책을 마무리하며 다시 한번 다짐한다. 좋은 생각, 밝은 미소, 책임 행동, 우리는 할 수 있다, 할 수 있다, 할 수 있다! 세상을 더 나은 곳으로 만드는 힘은 우리 안에 있으며, 긍정, 초긍정, 절대긍정, 완전긍정, 무한긍정, 긍정이 5번이면 만사형통 기적이 일어난다는 긍정의 마음으로 변화를 만들어 나가는 것이 나의 사명이다.

2024년 12월

"

이 책을 통해 독자들은
인생을 서비스하듯이 살며,
타인과의 관계에서
성공적인 결과를 얻을 수 있게
되기를 기원한다.

"